MW01709991

LE WEST HIGHLAND WHITE TERRIER

F. Deleidi

LE WEST HIGHLAND WHITE TERRIER

ÉDITIONS DE VECCHI S.A.
52, rue Montmartre
75002 PARIS

« My little old dog: a heart beats at my feet »
(Mon vieux petit chien : un cœur bat à mes pieds)

EDITH WARTHON (1862-1937) – Écrivain américain

L'éditeur tient à remercier vivement Lolita Parsy (élevage du Moulin de Poelay), Ruth O'Connor (élevage du Moulin de Mac Gregor), Ann Breton des Loys (élevage Delbret's) ainsi que Caroline Vermeulin et Anne Mestres pour leur aimable contribution à l'iconographie de cet ouvrage.

Photos de couverture : © Philippe Rocher
Photos de l'intérieur : © Philippe Rocher, sauf indications contraires
Dessins de l'intérieur : A. Marengoni
Traduction : Anne Rouet

Collection dirigée par le professeur L. Guidobono Cavalchini et le docteur C. Pialorsi Falsina

© 1995 Éditions De Vecchi S.A. – Paris
© 2007 Nouvelle édition mise à jour – Éditions De Vecchi S.A. – Paris
Imprimé en France

La loi du 11 mars 1957 n'autorisant, aux termes des alinéas 2 et 3 de l'article 41, d'une part, que les « copies ou reproductions strictement réservées à l'usage privé du copiste et non destinées à une utilisation collective » et, d'autre part, que les analyses et les courtes citations dans un but d'exemple et d'illustration, « toute représentation ou reproduction intégrale, ou partielle, faite sans le consentement de l'auteur ou de ses ayants droit ou ayants cause est illicite » (alinéa 1er de l'article 40).

Cette représentation ou reproduction, par quelque procédé que ce soit, constituerait donc une contrefaçon sanctionnée par les articles 425 et suivants du Code pénal.

Préface

La cynophilie connaît, depuis quelques années, des changements considérables du fait de l'augmentation du nombre de personnes qui ressentent le besoin ou le désir de posséder un chien, en particulier un chien de race.
Le chien n'est plus considéré exclusivement comme un auxiliaire mais comme un compagnon avec qui on partage ses moments de loisir, en établissant des rapports étroits homme/animal. Afin de satisfaire les demandes toujours plus nombreuses de ses lecteurs, l'éditeur a créé cette nouvelle collection de cynophilie intitulée « Chiens de race », qui, sans remplacer la collection existante, a pour but de transmettre un message plus direct et immédiat, au moyen du texte, des illustrations et des nombreuses légendes explicatives.
Le West Highland est l'une des races les plus répandues dans le monde, en particulier en Grande-Bretagne et aux États-Unis. En France, c'est une race en pleine expansion, et ce livre sera d'un grand secours aux personnes désirant apprendre à mieux la connaître. Ce petit Terrier provenant du nord de l'Écosse, avec sa robe toute blanche et le toilettage qui fait apparaître sa tête plus grande et joufflue, a un caractère vif et joyeux et peut remplir la maison d'allégresse.
L'auteur, F. Deleidi, est un cynophile passionné, éleveur et juge ENCI de Fox-Terriers à poil lisse. Avec l'affixe Solcamp, il a produit divers champions et est apprécié aussi bien en Italie qu'à l'étranger. Dans cet ouvrage, il prend en considération les divers aspects de la race, des origines à la diffusion, en passant par les caractéristiques ethniques, morphologiques et comportementales. L'auteur nous donne également de précieux conseils en matière d'éducation et de soins du Westie.
Au texte concernant exclusivement la race ont été ajoutés certains chapitres communs et de caractère général : « Comment comprendre son chien et s'en faire comprendre » par M. Verga, professeur d'éthologie zootechnique à l'université de Milan ; « Reproduction », « Alimentation », « Santé et hygiène » par le docteur C. Cristofalo et le professeur L. Guidobono Cavalchini. Tous les dessins sont l'œuvre de A. Marengoni.

PR. L. GUIDOBONO CAVALCHINI

Le West Highland est l'une des races les plus répandues dans le monde.

Histoire de la race

Le West Highland White Terrier fait partie du troisième groupe des races canines, qui rassemble la très vaste famille des Terriers. Il s'agit de 33 races canines, dont 26 sont originaires des îles Britanniques, les 7 autres dérivant des premières.
Les races de Terriers écossais sont au nombre de 5, toutes de petite taille, avec des pattes courtes : le West Highland White Terrier, le Scottish Terrier, le Cairn Terrier, le Dandie Dimmont Terrier et le Skye Terrier.
Le mot Terrier dérive du latin terra *et indique l'habileté de certaines races à chasser dans les tanières, c'est-à-dire à suivre et à affronter le gibier jusque dans son refuge.*

Les origines des Terriers

Il semble, d'après des restes osseux retrouvés, que des chiens similaires aux Terriers existaient déjà à l'époque préhistorique dans une région comprise entre la Suisse et l'Allemagne.
Les Romains, qui occupèrent la Grande-Bretagne, n'atteignirent jamais le nord sauvage de l'île, mais connaissaient tout de même les Terriers. En effet, Pline l'Ancien décrivit les chiens écossais (provenant d'Écosse) comme de « petits chiens qui suivent la proie jusque sous la terre ».
Trois siècles plus tard, Oppien, dans son poème *La Chasse* dédié à l'empereur Caracalla, fut sans doute frappé par la « méchanceté » de ces chiens car il écrivit que leur morsure empoisonnait.

Le Scottish Terrier est une autre race de Terriers écossais.

Les Terriers ont d'abord été des chiens de travail avant d'être élevés pour leur beauté.

De fins limiers

À la fin du XVIe siècle, A. Flaming, dans *Of English Dogges*, décrivait les Terriers comme des chiens dotés d'un bon flair et comme les plus petits limiers.
À l'époque de la reine Elisabeth I, le docteur Caius décrivit ceux qu'on appelait alors les Terrars : « Il y a en outre une autre espèce qui chasse le renard et le blaireau, ou d'autres animaux nuisibles, de telle sorte qu'elle les réduit en morceaux sous terre, ou les chasse et les pousse hors de leur obscure tanière vers une nouvelle cachette ou vers les filets des chasseurs situés au-dessus du trou dans le but de capturer les animaux ». À cette époque, il existait principalement deux variétés : la variété à poil dur et à pattes longues dont la robe était de couleur noir et feu ou rousse, et la variété à pattes courtes dont la robe était foncée ou noire. Daniel, dans *Field Sport* (1760), décrit deux variétés de Terriers : un type bas et long à poil dur, et un type court, bien construit, à poil ras. D'autres témoignages intéressants parlent de Terriers capables non seulement de combattre sous terre, mais aussi de battre la campagne avec les limiers et les lévriers à la recherche de chats sauvages, de renards, de blaireaux, de martes, de rats et de loutres.

Ces chiens étaient de parfaits auxiliaires pour les hommes car, entre autres choses, ils éloignaient les renards et les fouines des poulaillers.
À la campagne, les Terriers débusquaient aussi les renards et les blaireaux, prédateurs du gibier noble. On les rencontrait dans les habitations, dans les fermes et les écuries anglaises où ils chassaient les rongeurs petits et grands : il ne faut pas oublier que le *Rattus norwegicus* (gros rat marron) colonisa la Grande-Bretagne au XVIIIe siècle et que le Terrier devint son principal ennemi.
Chaque région britannique avait son propre type de Terrier adapté à la chasse sur ce terrain particulier. La sélection était conduite en fonction du caractère tandis que l'aspect extérieur était rarement pris en compte. La distinction la plus importante se faisait sur la longueur des membres : un Terrier qui, à la chasse, devait couvrir de grandes distances, devait avoir des membres longs et, dans le cas contraire, des membres courts. Par exemple, à la chasse à courre, on utilisait des Fox-Terriers, et à la chasse à pied, des Terriers aux pattes courtes, comme les West Highland White Terriers. Tous les Terriers sont nés comme des chiens de travail et ne furent élevés pour leur beauté que dans un second temps.

L'ÉVOLUTION DES TERRIERS

Au début du XIXe siècle, débuta l'évolution des divers types de Terriers régionaux. Les expositions de beauté (instituées en Grande-Bretagne à partir de 1859) contribuèrent pour beaucoup à la définition morphologique de chaque race. Les races écossaises tiraient leur origine d'un Terrier qui se situait entre les actuels Cairn et Skye Terriers. En Irlande, se répandirent tous les Terriers hauts sur pattes, à l'exception du Glen of Imall. De nombreux Terriers anglais ou gallois étaient issus de l'Old English Black and Tan Terrier : assez haut sur pattes, il pouvait être à poil dur ou à poil lisse.
Le type à poil dur donna naissance à l'Airedale, au Welsh et au Lakeland. Le type à poil lisse donna naissance au Fox Terrier. Le White English Terrier, aujourd'hui disparu et cousin du Fox, dérivait aussi de l'Old English Black and Tan Terrier à poil lisse.
Le croisement de Bull-dogs avec l'antique White English Terrier permit de créer une souche de Terriers de type Bull (spécialisés dans la lutte contre les taureaux ou contre d'autres chiens).
La raison de l'extraordinaire variété de ces races tient, outre à l'adaptation fonctionnelle aux diverses situations environnementales, à la jalousie avec laquelle les Terriers locaux étaient gardés dans les divers comtés. Parfois, un type de Terrier est directement lié à un personnage ou à une famille (comme c'est le cas pour le Westie) qui l'éleva et le sélectionna dès le début. Le professeur Dagradi (cynophile passionné, éleveur et juge de Terriers) a consacré une étude expliquant la raison pour laquelle les Terriers, pratiquement dis-

Les expositions de beauté ont contribué pour beaucoup à la définition de chaque race.

parus du continent, trouvèrent un terrain aussi fertile en Grande-Bretagne : « [...] La chasse en tanière s'est donc développée dans deux pays seulement : les îles Britanniques et l'Allemagne, patrie des Bassets, qui est la seule race, avec les Terriers, à avoir été sélectionnée dans ce but. Le problème est à ce sujet intéressant car les animaux nuisibles existaient également dans les autres pays européens, mais leur élimination n'y a jamais été abordée de manière sportive, mais plutôt comme une pure nécessité, avec l'emploi de pièges et de nourriture empoisonnée. La différence tient peut-être au fait que le concept de chasse sportive est un héritage exclusivement britannique : *sport* est en effet un terme anglais, même s'il dérive de l'ancien français *desport* qui signifiait amusement. Dans les îles Britanniques, les sports ruraux concernaient tous les « combats » entre les hommes et les animaux ou les animaux entre eux, sans que la proie poursuivie soit nécessairement comestible, ce qui était en revanche l'essence et la seule fin de la chasse sur le continent » (*I nostri Terrier*, Luino, 1983).

Chiens de combat

Parmi les sports historiques touchant au monde des Terriers britanniques, il nous faut mentionner les combats contre les taureaux, qui remontent au XIIIe siècle et qui durèrent jusqu'en 1835 (année où ils furent interdits par la loi), et les combats entre chiens auxquels participaient les Terriers de type Bull. Les chasses au rat effectuées à l'aide d'un furet ou d'un Terrier avaient lieu de diverses manières et suscitaient (et suscitent encore) un vif intérêt chez le public qui pariait de grosses sommes d'argent.

Dans les villes, on organisait des combats où les Terriers devaient tuer des rats dans une arène. Le chien qui avait éliminé le plus de rats le plus rapidement était déclaré vainqueur. Les organisateurs introduisaient les rats dans l'arène juste pour cette occasion. Un Jack Russel à poil lisse du Plummer, dont le nom Vampire est tout un programme en soi, devint très célèbre. Ce chien détient le record du monde d'élimination de rats : une tonne de rats supprimée en 1977.

Le *badger drawing* consistait à faire s'affronter un Terrier et un blaireau attaché au fond d'un baril, c'est-à-dire sans possibilité de fuite. Dans les chasses à courre au renard, dont l'âge d'or remonte au XIXe siècle, la fonction des Terriers consistait à débusquer les renards avant ou pendant la battue avec les Limiers.

Les chasses à pied, dans lesquelles on employait aussi le West Highland White Terrier, se pratiquaient principalement dans les régions montagneuses du nord de l'Angleterre et en Écosse : ces chasses étaient une nécessité pour les bergers et les fermiers qui devaient défendre les agneaux et les animaux de basse-cour. À la chasse à pied, l'homme, parfois assisté de Limiers,

localisait les tanières que les Terriers pouvaient ensuite inspecter. Les animaux chassés étaient le renard, le blaireau, les chats sauvages, la fouine, la belette et aussi, près des rivières, la loutre. Inutile de dire que les Terriers devaient avoir un courage de lion.
Il ne s'agissait pas seulement de débusquer les animaux, mais aussi de les affronter et de les supprimer. Les chiens étaient seuls dans l'obscurité des tanières, seuls avec leur force.
Aucun autre chien de chasse ne devait accomplir une tâche aussi dure.
De nombreux chiens mouraient sous terre, soit parce qu'ils restaient coincés, soit parce que les occupants des tanières se défendaient âprement. Les locataires les plus dangereux étaient les ongulés (les blaireaux).

Les origines du West Highland White Terrier

Un des premiers témoignages au sujet de la race serait une requête du roi James (premier roi d'Angleterre) qui demanda six petits *earth dogges Terrier* blancs pour les expédier du comté de l'Argyll en cadeau au roi de France.
L'histoire la plus récente de la race remonte au XIXe siècle, quand la vénerie et l'élevage sur les îles et les hauts plateaux écossais se développèrent.
Les Highlands (hauts plateaux) et les îles occidentales écossais furent en effet, comme pour les autres Terriers écossais, la région d'origine de cette variété.

Du Terrier au West Highland White Terrier

Au XVIIIe et au XIXe siècles, les Terriers les plus répandus étaient de couleur marron ou plus foncés.
En effet, chaque fois qu'une portée comportait un chiot à la robe claire, il était écarté de la sélection car on considérait qu'il était moins adapté à la chasse. Cependant, à l'aube du XIXe siècle, les chiots clairs furent recherchés et donnèrent ainsi naissance à la variété du West Highland White Terrier. Le type de ces Terriers était toujours le même : pattes courtes et poil dur ; ils ne différaient que par leur couleur. La préférence pour les Terriers blancs fut déterminée par la volonté de réduire le risque de tirer sur les chiens un coup de fusil destiné au renard, au lièvre ou au lapin. En effet, dans la confusion de la battue, le Terrier marron pouvait être confondu avec le lièvre ou le renard de la même couleur. Par conséquent, les Terriers foncés prirent le nom de Cairn Terriers, et les clairs celui de West Highland White Terriers. Avant 1924, les chiens blancs étaient obtenus soit à partir du Terrier de type Cairn, soit du type West Highland White Terrier ; après cette date, le British Kennel Club n'accepta plus l'inscription de chiots blancs nés de Cairn Terriers et déclarés West Highland White Terriers.
C'est ainsi qu'eut lieu le divorce entre les deux races qui avaient pourtant une histoire commune car le Cairn, le West Highland, mais aussi le Scottish,

Les West Highlands étaient aussi connus sous le nom de *Highlanders* (« habitants des hauts plateaux »).

avaient par le passé été de nombreuses fois croisés entre eux.
La famille Malcolm, et en particulier le colonel Malcolm, sont considérés comme les fondateurs de la race. Les Malcolm étaient de Poltalloch. En fait, les West Highlands étaient aussi connus sous le nom de Terriers de Poltalloch, Terriers de Roseneath, Terriers Écossais Blancs, ou plus simplement *Highlanders*, c'est-à-dire « habitants des hauts plateaux ».
En 1839, Landseer peignit un West Highland White Terrier typique, assis à côté d'un Bloodhound. Ce tableau est intitulé *Dignité et Impudence*.
Un autre tableau de John Emms, daté de 1876, montre un Terrier avec un chiot et un poney. Le chien, bien qu'il soit assez grand, est sans conteste un West Highland White Terrier.
Le West Highland White Terrier fut reconnu comme race indépendante en 1904. En 1905, toujours en Angleterre, le West Highland White Terrier Club fut créé. Les Clubs contribuèrent à défendre et à améliorer la race d'un point de vue morphologique et l'introduisirent dans le monde des expositions. Dans les expositions qui eurent lieu avant la Première Guerre mondiale, les Westies étaient présentés

avec le poil en ordre, mais pas toiletté. En 1907, les trois premiers champions anglais de beauté furent produits et 141 chiots furent inscrits.
Entre 1907 et 1916, 27 champions furent obtenus, et 400 chiots furent inscrits. La Première Guerre mondiale – tout comme la Seconde – engendra une baisse de l'élevage. Pendant la guerre, les éleveurs britanniques avaient du mal à trouver de la nourriture pour leurs chiens et de nombreux sujets durent être supprimés. La loi même interdisait l'élevage de chiens, à moins que l'éleveur fût doté d'une licence spéciale et, naturellement, qu'il pût se le permettre. Entre les deux guerres, l'élevage reprit de plus belle.
Chaque année, entre 600 et 750 chiots étaient enregistrés. Après la Seconde Guerre mondiale, une séparation radicale eut lieu entre le monde de la chasse et celui des expositions de beauté.

Du chien de chasse au chien d'exposition ou de compagnie

Progressivement, la fonction pratique pour laquelle la race avait été sélectionnée fut complètement abandonnée. Les Westies devinrent soit des chiens d'exposition, soit des chiens de compagnie. Pendant ces années-là, la façon de présenter les chiens aux expositions changea aussi du tout au tout. De nombreux sujets furent confiés aux soins de conducteurs professionnels qui commencèrent à toiletter la race et à la présenter selon leurs goûts, en conditionnant le poil de façon à le faire apparaître le plus dur possible (grâce au *stripping*), à rendre le tronc plus profond (franges très longues), ou à rendre le cou le plus élégant possible (poil court dessous et sur les côtés du cou). Le succès de ces sujets en exposition fut tel que les éleveurs se laissèrent convaincre de suivre le sillage des conducteurs professionnels. Aujourd'hui, il est très rare de voir des chiens non toilettés en exposition. Ceux qui ne le sont pas remportent encore plus rarement des prix, bien que le standard ne prescrive aucun conditionnement du poil. Chez les éleveurs, Mme Pacey a une grande notoriété. Elle a en effet produit 58 champions, c'est-à-dire un quart des champions enregistrés jusqu'en 1963, date à la quelle elle mourut. Dans les années 1960, le succès de la race continua de croître. Les élevages britanniques les plus célèbres furent ceux de Mme K. Newstead (affixe Dianthus), de Mme B. Hands (affixe Crinan), de Mme D.K. Lancaster (affixe Clanestar), de J.W. Hodsoll (affixe Furzeleigh) et de Mme S. Thompson (affixe Ashgate), certains d'entre eux étant encore en activité.
Le West Highland White Terrier ne fut pas essentiellement un ex-cavateur comme d'autres Terriers, mais fut avant tout un combattant capable de sauter et de se débattre dans les profondes tanières rocheuses d'Écosse à la recherche de blaireaux, de renards,

Le sous-poil épais du Westie lui a permis de se protéger des intempéries lorsqu'il était encore utilisé comme chien de chasse.

de lièvres ou autre gibier. Aussi bien les Cairns que les West Highlands devaient se faufiler dans les étroites anfractuosités rocheuses, se déplacer dans les sombres labyrinthes des tanières à la recherche de la proie ou du chemin pour ressortir à l'air libre. Dans les tanières rocheuses, les Terriers ne pouvaient pas s'aider de leurs pattes pour enlever la terre et élargir le tunnel . On comprend donc l'importance, pour les anciens Westies, d'avoir un corps flexible et élastique. Ils ne devaient pas être trop compacts et devaient avoir un thorax pas trop développé pour ne pas risquer de rester bloqués à l'intérieur des tanières ou de se casser les côtes en essayant de se retourner. Si le chien, par malheur, restait piégé à l'intérieur du *cairn*, il était difficile au chasseur de le récupérer en raison de la nature rocheuse du terrain. Au contraire, dans les tanières terreuses, le chien pouvait élargir le tunnel avec ses pattes, et l'homme pouvait creuser à l'aide de pelles pour atteindre le Terrier. Si les terrains pierreux étaient les lieux de chasse spécifiques pour les West Highland White Terriers, ils ne dédaignaient toutefois pas d'autres types de tanières et étaient capables

d'affronter des eaux gelées ou de s'exposer aux intempéries sans en souffrir. Ils étaient protégés par un sous-poil épais, laineux et onctueux qui protégeait la peau en l'imperméabilisant. Le colonel Malcolm attribuait une plus grande importance au sous-poil qu'au poil de couverture. Il pensait que le sous-poil devait être assez compact pour permettre au chien de « traverser un fleuve à la nage sans se mouiller le corps ou de garder les biens de son maître sous une pluie battante, comme si de rien n'était ».
La famille Malcolm assista à la première entrée du West Highland White Terrier dans le monde des expositions et espérait que cela ne déterminerait pas une baisse des qualités de chasseur et des fonctions de la race. En réalité, dès la fin du XIXe siècle, une rupture se fit jour entre le monde des expositions et celui de la chasse.
Dans la région des lacs (Lakeland), on chantait une chanson qui donne une idée du rapport entre ces deux mondes : « Maintenant dans la célèbre exposition de Cruft, là-bas à Londres / il y a des Lakeland Terriers indignes de leur nom / si on leur montre un renard ou une loutre / ils s'enfuient à la maison sans honte / ils ne sont pas créés pour ramper dans les tanières ou pour combattre / mais pour rester assis sur un fauteuil à la maison / on dit qu'un récent champion de beauté a été poursuivi sur la route par un rat ».
Le monde des Terriers était composé, outre les chiens, d'hommes qui aimaient à se rencontrer, à raconter et à exagérer les exploits de leurs chiens et, évidemment, à se moquer des chiens des autres, souvent dans les *pubs* devant une pinte de bière.

Dès la fin du XIXe siècle, une rupture s'est faite entre le monde des expositions et celui de la chasse.

Une longue histoire pour un petit chien…

Avant-propos

Le standard est un texte souvent extrêmement synthétique qui donne la liste des caractéristiques morphologiques et psychiques particulières à une race canine. Le commentaire traite des principaux points du standard, en les approfondissant et en se référant aux illustrations.
Les expositions de beauté ont pour objet la beauté et la conformation extérieure du chien. La beauté en cynophilie ne se réfère pas à un concept esthétique abstrait, mais au respect d'un sujet aux canons définis dans le standard de la race.
C'est au standard que font référence les éleveurs dans leur travail de sélection et les juges d'exposition dans leur travail d'évaluation et de classification des sujets. Lors d'une confrontation de divers chiens appartenant à la même race, le meilleur sujet est celui qui exprime le mieux les caractéristiques du *type* décrit dans le standard. Par conséquent, des standards dérive le concept de caractère typique, c'est-à-dire les caractéristiques psychophysiques par lesquelles une race ne peut être confondue avec une autre.

Le standard se réfère à un concept de beauté fonctionnelle ; il requiert donc certaines caractéristiques morphologiques qui doivent permettre à une race d'effectuer au mieux les fonctions pour lesquelles elle a été créée. Dans le cas du West Highland White Terrier, nous savons que la race a été

Expression souriante typique du Westie

sélectionnée pour chasser dans les tanières, et plus particulièrement dans les tanières des terrains pierreux. Nous savons également qu'actuellement, personne n'utilise plus la race à cette fin, mais que sa fonction d'origine détermine sa « forme ».

Le West Highland White Terrier idéal

Avant d'entrer dans une description détaillée de la race, nous allons donner un bref aperçu des caractéristiques idéales de la race.

Le West Highland White Terrier idéal est un chien qui mesure 28 cm au garrot et qui pèse 8 kg environ. Le mâle a une tête surprenante, abondamment recouverte de poil, avec un stop marqué et un museau court. Les yeux sont insérés profondément, ils sont de couleur noisette foncé avec des paupières noires. Les oreilles sont petites et bien insérées sur le sommet du crâne, mais ni trop proches ni trop distantes l'une de l'autre. Derrière les lèvres noires, les dents complètes et d'un blanc pur et brillant se ferment en ciseaux.

La robe est constituée d'un poil de couverture dur, long de 5 cm environ, et d'un sous-poil doux et blanc argent comme la neige.

Le cou, de bonne longueur, s'insère harmonieusement dans le tronc grâce aux épaules, qui sont bien inclinées vers l'arrière. L'avant-main est en retrait par rapport au sternum.

Les membres antérieurs sont droits, avec des coudes bien saillants.

Le thorax, dont la section transversale est en forme de cœur, est ample seulement dans sa portion supérieure. Les côtes sont profondes et descendent au-dessous du niveau des coudes. Le dos est court et parfaitement droit.

Il finit au point d'insertion de la queue qui est haute. La queue est naturellement courte et droite. L'arrière-main est bien anguleuse, avec les jarrets près du sol, c'est-à-dire que les métatarses sont courts et proches l'un de l'autre. Les pieds antérieurs sont un peu plus grands que les postérieurs. Les quatre pieds sont compacts avec des coussinets plantaires solides et noirs. Tous les ongles sont noirs.

Le West Highland White Terrier idéal se déplace très bien. Ses pieds antérieurs oscillent en dessinant un arc ample (allure dégagée). Le garrot ne rebondit pas et reste stable. Le mouvement de l'arrière-main est parfaitement coordonné avec celui de l'avant-main et donne l'élan nécessaire.

En mouvement, la ligne dorsale du chien reste stable et parallèle au sol, les pieds postérieurs atteignant pratiquement la trace des pieds antérieurs.

Le mouvement est spectaculaire : lors de la propulsion, le cou s'étend, le port de la tête reste droit avec l'expression « souriante » typique du West Highland White Terrier.

Squelette

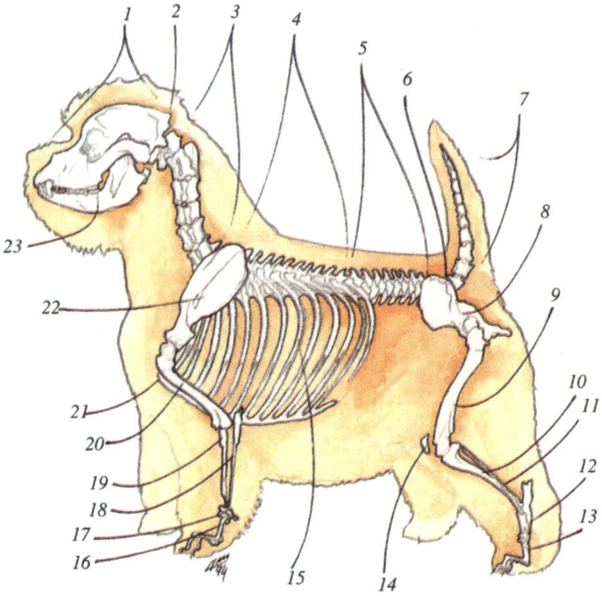

1. Crâne ; 2. Protubérance occipitale ; 3. Vertèbres cervicales ; 4. Vertèbres thoraciques ; 5. Vertèbres lombaires ; 6. Vertèbres sacrées ; 7. Vertèbres caudales ; 8. Ilion ; 9. Fémur ; 10. Tibia ; 11. Péroné ; 12. Tarse ; 13. Métatarse ; 14. Rotule ; 15. Cage thoracique ; 16. Métacarpe ; 17. Carpe ; 18. Cubitus ; 19. Radius ; 20. Humérus ; 21. Sternum ; 22. Omoplate ; 23. MâchoireSquelette

Le standard du West Highland White Terrier

Standard F.C.I. N°85 d
20.01.1998/F

Traduction : Prof. R. Triquet
Origine : Grande-Bretagne
Date de publication du standard d'origine en vigueur : 24 juin 1987
Utilisation : Terrier
Classification F.C.I. : Groupe 3 Terriers
Section 2 Terriers de petite taille
Sans épreuve de travail.

Aspect général[1]

Solidement construit. La poitrine est bien descendue ainsi que les dernières côtes. Le dos est droit. L'arrière-main est puissante sur des membres postérieurs musclés, faisant preuve manifestement de force et d'activité magnifiquement combinées.

Deux considérations : la première est que le standard ne prend pas en compte le toilettage qui a beaucoup d'importance dans l'aspect général du

[1] Le texte en italique est extrait du standard officiel, suivi, en romain, du commentaire de l'auteur.

sujet ; la seconde est que la construction solide et le postérieur puissant prévalent sur d'autres caractéristiques comme l'élégance, le port ou l'état du poil.

Comportement/Caractère

Petit, actif, plein d'allant, rustique, pourvu d'une bonne dose d'amour-propre, avec un air fripon. Vif, gai, courageux, indépendant mais affectueux.

Le caractère actif, curieux, ainsi que la confiance en soi et l'entente avec le conducteur déterminent en grande partie le « port » du chien, y compris le port droit de la tête.

Tête

La distance de l'occiput aux yeux est légèrement supérieure à la longueur du chanfrein. La tête est couverte d'un poil dense ; elle est portée de façon à former un angle droit ou aigu par rapport à l'axe du cou. La tête ne doit pas être portée en extension.

Crâne

Légèrement bombé. Pris par le travers du front, il présente un contour sans

Actif et plein d'allant : deux caractéristiques du comportement du Westie

La tête est couverte d'un poil dense.

heurt. Le crâne, du niveau des oreilles jusqu'aux yeux, ne présente qu'un très léger amincissement.

Stop

Marqué ; il est formé par de lourdes arcades sourcilières qui sont immédiatement au-dessus des yeux et légèrement en surplomb et une légère dépression entre les yeux.

Truffe

Noire, assez grande et offrant un profil sans heurt avec le reste du museau. La truffe ne doit pas former de saillie en avant.

Museau

Le chanfrein va en s'amenuisant graduellement de l'œil jusqu'au nez ; il n'est pas concave ; il ne tombe pas brusquement sous les yeux, où il y a de la substance.

Les mesures « aux yeux » se prennent exactement sur la ligne qui relie les angles internes des yeux. Les axes crânio-faciaux sont parallèles entre eux. Par tête portée à angle droit par rapport au cou, on entend le port droit de la tête. La dépression entre le crâne et le museau, appelée stop, est assez marquée et nette grâce au développement des sinus frontaux. Le museau est assez court, large et profond. Le standard requiert une truffe non saillante et la plus grande distance possible entre les canines (largeur du museau en pointe). L'ampleur des mâchoires à la base évite qu'il y ait une forte dépression osseuse sous les yeux.

Mâchoires/dents

Les mâchoires sont fortes et d'égale longueur. Aussi larges entre les canines que cela est compatible avec l'expression friponne recherchée. Les dents sont grandes pour la taille du chien et présentent un articulé régulier en ciseaux, c'est-à-dire que les incisives supérieures recouvrent les inférieures dans un contact étroit et sont implantées à l'aplomb des mâchoires.

De nombreux éleveurs ne considèrent pas comme un défaut l'articulé en tenailles, c'est-à-dire lorsque les incisives supérieures sont alignées avec les inférieures. Certains Westies n'ont pas les dents aussi grandes qu'ils le devraient, et d'autres sont privés de quelques prémolaires. Même si le standard n'en parle pas, il est évident qu'une denture complète est préférable. Il semble toutefois que ni la fermeture en tenailles, ni l'absence de quelques prémolaires n'aient une incidence sur l'efficacité théorique de la prise de gibier. Cela étant dit, le standard est univoque quant aux dents qui doivent être grandes et à la fermeture qui doit être en ciseaux.

Yeux

Bien écartés, de grandeur moyenne, pas ronds, aussi foncés que possible. Ils sont légèrement enfoncés dans la tête, vifs et intelligents, ce qui, sous les lourds sourcils, donne un regard perçant. L'œil clair est un très grave défaut.

Les yeux sont d'autant plus écartés qu'ils sont insérés dans une tête large. La forme des yeux est en amande.

Implantation des dents dans la mâchoire

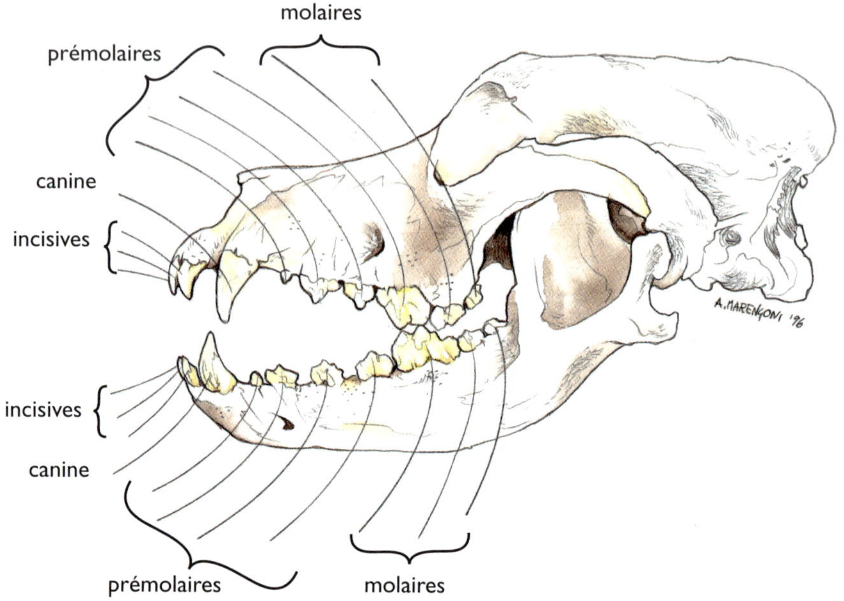

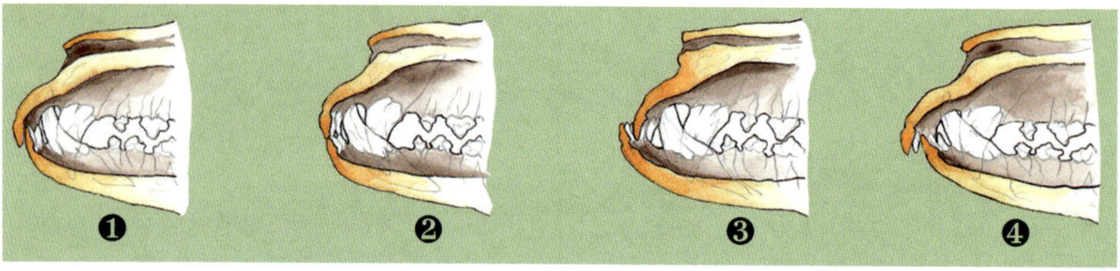

Types de fermeture : ❶ fermeture en ciseaux (correcte), ❷ fermeture en tenaille (défaut), ❸ fermeture prognathe (grave défaut), ❹ fermeture endognathe (défaut entraînant la disqualification)

L'œil rond proéminent est grand et atypique, tout comme l'œil clair. La couleur noisette foncé est acceptable.

Oreilles

Petites, droites et portées fermement. Elles se terminent en une pointe aiguë. Elles ne sont ni trop écartées, ni trop rapprochées à l'attache. Le poil des oreilles est court et lisse (velouté) et ne doit pas être coupé. Les oreilles ne doivent avoir aucune frange au sommet. Les oreilles rondes à l'extrémité, larges, grandes ou épaisses, ainsi que cel-

Les lourds sourcils du Westie lui donnent un regard perçant.

les couvertes d'un poil trop abondant constituent de graves défauts.

Cou

Suffisamment long pour permettre le port correct de la tête tel qu'il est demandé ; il est musclé et s'épaissit graduellement vers sa base de façon à se fondre dans les épaules bien obliques.
S'il est long, le cou exalte le port droit de la tête.
Il doit être en forme de coin, c'est-à-dire qu'il doit s'élargir vers les épaules. Le cou est un indicateur de la tonicité musculaire, de l'inclinaison des épaules et du développement des épines dorsales. La forme en coin du cou confère un aspect harmonieux à l'encolure et à la fusion du cou dans le tronc.

Corps

Compact.

Dos
Droit.

Rein
Large et fort.

Les oreilles se terminent en une pointe aiguë.

POITRINE

Bien descendue, les côtes bien cintrées dans leur moitié supérieure présentant un aspect un tantinet plat. Les côtes postérieures ont une hauteur considérable et la distance de la dernière côte à la hanche est aussi courte que le permet le libre mouvement du corps.

Il faut que la distance entre la cuisse et la dernière côte soit la plus courte possible. La profondeur des dernières côtes accentue l'aspect de chien court. La brièveté du tronc dépend seulement de celle du rein, et non de la profondeur des dernières côtes ou de la longueur des membres. La section transversale du thorax doit être en forme de cœur : les côtes sont amples dans leur moitié supérieure et plates dans leur moitié inférieure, de façon à permettre un port adhérent aux coudes.

■ QUEUE

Longue de 12,5 à 15 cm, couverte d'un poil dur, sans frange, aussi droite que possible, portée fièrement, mais ni gaie, ni recourbée sur le dos. La queue longue est un défaut et elle ne doit en aucun cas être écourtée.

Le corps est compact et la queue est aussi droite que possible.

L'impulsion du mouvement dépend des membres postérieurs.

L'attache de la queue est toujours appréciée si elle est haute sur le dos, de telle sorte qu'elle fait paraître le chien plus ramassé.

Membres antérieurs

Courts et musclés, droits, et couverts d'un poils court, dur et dense.

Épaules

Les épaules sont inclinées vers l'arrière. Les omoplates sont larges et biens serrées contre la paroi thoracique. L'articulation formée par l'omoplate et l'humérus doit être placée en avant.

Coudes

Bien rentrés pour permettre le mouvement bien dégagé des membres antérieurs parallèlement à l'axe du corps.

L'humérus relativement incliné est un élément typique de la race. Le bras doit par conséquent être bien incliné de façon à ce que la poitrine soit en avant par rapport à l'avant-bras et au coude. La fermeture sur l'antérieur, c'est-à-dire un mouvement lors duquel les pieds antérieurs tendent à converger, n'est pas permise. Un antérieur droit, c'est-à-dire un membre qui « finit » le chien doté d'une mauvaise inclinaison de l'humérus, n'est pas typique chez la race.

Membres postérieurs

Forts, musclés et larges vus de dessus. Les membres sont courts, musclés et nerveux.

Cuisses

Très musclées et pas trop écartées.

Jarrets

Coudés et bien disposés sous le corps de façon à être assez près l'un de l'autre, que le chien soit en station ou en action. Les jarrets droits ou affaissés sont de graves défauts.

Du postérieur dépend l'impulsion du mouvement. La chose la plus importante est que cette impulsion soit énergique. Cela étant dit, il est également vrai qu'il s'agit d'une région anatomique plutôt controversée. La première considération est que les membres ne doivent jamais être trop courts sinon ils ne permettent pas la flexion sur les articulations. Le pire défaut est en fait des membres tellement courts qu'ils sont redressés car ils ne réussissent pas à donner l'impulsion nécessaire et agissent comme des étais rigides.

La croupe du Westie est inclinée, de telle sorte que la fesse ne dépasse pas de beaucoup l'attache de la queue. De la croupe inclinée dérive une inclinaison du fémur vers le thorax et un membre postérieur qui ne sort pas excessivement par rapport à la pointe de la fesse.

Vus de derrière, les métatarses se placent sous le chien, dans le sens où ils s'approchent en restant toutefois parallèles entre eux lorsque le chien est immobile ou en mouvement. Par conséquent, le mouvement fermé sur les membres postérieurs n'est pas un défaut. En revanche, les membres postérieurs en « jarrets de vache » (en forme de X vu de derrière), et des métatarses droits ou faibles sont des défauts.

Pieds

Les pieds antérieurs sont plus grands que les postérieurs ; ils sont ronds, proportionnés dans leur taille, forts, pourvus de coussinets épais et couverts d'un poil court et dur. Les pieds postérieurs sont plus petits et pourvus de coussinets épais. La surface inférieure des coussinets et tous les ongles sont noirs de préférence.

Allures

Le mouvement est dégagé, droit devant et facile de toute part. Les antérieurs se portent en avant sans contrainte à partir de l'épaule. À l'arrière, le mouvement est franc, puissant et ramassé. Grassets et jarrets sont bien fléchis et les jarrets s'engagent sous le corps pour donner l'impulsion. Une démarche raide ou guindée à l'arrière, de même que les jarrets de vache sont de graves défauts.

La tête est portée droite, le postérieur donne l'impulsion, l'énergie se transmet à l'antérieur par la ligne dorsale solide et droite, l'antérieur doit pouvoir accompagner la poussée qui provient du postérieur, aussi doit-il être en mesure de produire des oscillations amples (pas long).
Pour le Westie comme pour les autres Terriers, les personnes qui ont écrit le standard se sont inspirées du modèle représenté par le *hunter* (cheval de chasse). C'est un animal qui, malgré son dos court, réussit à couvrir beaucoup de terrain grâce à une allure relativement dégagée.

Robe

Poil

Poil double.
Le poil de couverture consiste en un poil dur d'environ 5 cm de longueur, sans aucune boucle. Le sous-poil, qui ressemble à de la fourrure, est court,

Le Westie parvient à couvrir beaucoup de terrain grâce à une allure relativement dégagée.

Le standard ne prévoit qu'un poil de couleur blanche mais des nuances crème sont tolérées.

L'aspect du Westie au siècle dernier

Les chiens blancs de Poltalloch constituaient au XIXe siècle le prototype de la race. Le capitaine Mackie visita les West Highlands au siècle dernier, à la recherche de matériel génétique pour son élevage de Scottish. Il est intéressant de lire son témoignage à propos de l'aspect et des qualités des chiens de la famille Malcolm :

« Les Poltalloch blancs pèsent entre 7,2 et 9 kg et ont un aspect très rusé. Ils sont actifs, avec une robe blanche bien fermée et compacte.

Le poil est dur et hirsute, long de 2,5 à 6,35 cm, sauf sur la tête et le museau où il est court, dur et rêche.

Le tronc n'est ni long ni très compact, mais très profond et placé sur des membres courts à l'ossature forte.

L'antérieur est droit et le postérieur est anguleux au genou.

La tête est longue, la truffe est large et parfois légèrement dépigmentée.

Les dents sont extrêmement grandes pour un chien aussi petit.

Les oreilles sont droites et couvertes d'un poil court et velouté.

Le point d'insertion de la queue est haut, la queue est portée légèrement recourbée et toujours « gaie ».

La majeure partie d'entre eux sont blanc crème ou citron.

J'en ai possédé et connais leurs qualités de combattants.

Je peux ajouter que pour eux, il n'existe aucune tanière trop profonde ni d'eau trop froide. » (extrait des *Terriers du monde* de Tom Horner).

doux et serré. Le poil ouvert est un défaut grave.
Il faut rappeler que le standard ne prévoit pas de toilettage de la robe et décrit le poil comme il doit être naturellement. En réalité, tous les chiens d'exposition sont soumis au toilettage.

COULEUR
Blanc.
Le standard prévoit seulement la couleur blanche, mais des nuances crème sont tolérées, surtout si elles sont accompagnées (comme cela arrive souvent) d'un poil de meilleure qualité.
Il arrive souvent que le poil blanc pur ne soit pas suffisamment dur.

TAILLE

Hauteur au garrot environ 28 cm.

DÉFAUTS

Tout écart par rapport à ce qui précède doit être considéré comme un défaut qui sera pénalisé en fonction de sa gravité.
N.B. : *Les mâles doivent avoir deux testicules d'apparence normale complètement descendus dans le scrotum.*

Les chiens d'exposition sont soumis au toilettage, mais le standard du Westie décrit le poil tel qu'il doit être naturellement, sans toilettage.

Caractère et aptitudes naturelles

De manière générale, on peut affirmer que l'éducation d'un chien est la même pour toutes les races. Il s'agit d'enseigner au chien, et d'apprendre nous-mêmes, les comportements qui rendront possible et agréable la vie en commun. Indépendamment de leur « spécialisation » (chiens de chasse, de garde, de défense, de compagnie), les chiens de toutes les races ont de plus en plus un rôle de compagnon de l'homme, et effectuent de moins en moins la fonction pour laquelle ils sont nés (le West Highland White Terrier est né, rappelons-le, pour combattre dans les tanières).

Les chiens de race ont de plus en plus un rôle de compagnon de l'homme.

Caractère

En Occident, les races ont survécu à leur fonction originelle grâce à l'œuvre conservatrice des éleveurs, tandis que dans d'autres cultures, la fonction originelle devenant de moins en moins utile, les races étaient destinées à s'éteindre. Il est également vrai qu'en Occident, malgré leur rôle actuel de chiens de compagnie, certaines races comme les Terriers gardent, parfois obstinément, leurs caractéristiques psychiques d'origine. À ceci s'ajoutent les requêtes et les exigences de l'éducateur. Il faut savoir que la race pratiquait un type de chasse assez primitif : les chiens entraient dans les tanières, combattaient contre le gibier ou le débusquaient. Dans les tanières, ils travaillaient seuls, sans l'aide d'autres chiens (les Limiers, par exemple) ou de l'homme (comme les chiens de ferme, de rapport, etc., qui ne faisaient qu'une partie du travail et laissaient à l'homme le rôle d'éliminer le gibier). Cela a certainement eu une influence sur le caractère du West Highland White Terrier, qui est affectueux, mais également décidé et doté d'une personnalité marquée. Il s'agit d'un chien autonome et indépendant, aussi l'édu-

Difficile de convaincre un Westie d'interrompre une activité qui l'intéresse s'il n'en décide pas lui-même ainsi…

cation doit-elle se faire comme un jeu : en effet, les méthodes coercitives ne peuvent avoir qu'un résultat négatif. L'autonomie et l'indépendance de la race la pousse à ne pas être très obéissante et « malléable ». Il est très difficile de convaincre un Westie d'interrompre une activité qui l'intéresse s'il n'en décide pas lui-même ainsi. En raison de son « pouvoir de décision », il doit être gardé sous contrôle, c'est-à-dire qu'il doit toujours être en laisse, surtout en ville lorsque la circulation est dense.

C'est une race sociable et plusieurs femelles peuvent vivre ensemble sans problèmes particuliers. Les problèmes surgissent surtout, comme pour la grande majorité des races, lorsque plusieurs mâles vivent en groupe ; l'affection pour le maître peut donner lieu à de la jalousie à l'égard des autres. Aussi bien les mâles que les femelles sont affectueux ; les femelles sont généralement plus douces et moins impétueuses que les mâles.

Dans tous les cas, des différences considérables se font jour d'un sujet à l'autre. Une autre caractéristique des Westies est leur tendance à ne pas trop aboyer.

Éducation

Par éducation nous entendons l'éducation de base qui concerne certaines règles élémentaires de comportement ; quand l'éducation se spécialise, elle prend le nom de dressage. On peut donc parler de dressage pour les expositions de beauté, qui consiste essentiellement à la conduite en laisse, ou de dressage à la chasse en tanière dont nous parlerons plus loin.

Le mot clé de l'éducation d'un chien est la cohérence qui, si elle est difficile à obtenir du seul maître, est encore plus difficile à imposer à tous les membres de la famille. Il faut exiger un comportement univoque de toute la famille. Par exemple, si vous ne voulez pas que votre chien réclame à manger pendant que vous êtes à table, il faut que tous les membres de la famille refusent de lui donner de la nourriture à ce moment-là. Si cette règle est respectée de tous, le chien, pendant les repas, restera tranquillement dans son panier, mais si une seule personne enfreint la loi en se laissant apitoyer par les yeux suppliants du chien, ce dernier quémandera toujours, certain que, tôt ou tard, il finira par obtenir ce qu'il désire.

Les règles et les ordres de base

Le « Non ! » et le « Bravo ! »

La chose la plus importante, lorsqu'on éduque un chien, est d'imprimer profondément le pouvoir inhibiteur du « non ». Le « non » doit être dit d'une voix énergique, mais sans crier, à chaque fois que le chien accomplit une action répréhensible, comme lorsqu'il

L'IMPRINTING

C'est un terme anglais qui signifie « laisser une empreinte ».
Le chiot reçoit l'*imprinting* à partir de la troisième semaine de vie, et ce processus est fondamental pour son équilibre psychique futur. *Imprinting* signifie imprimer dans la mémoire du chien la présence positive d'animaux amis ou inoffensifs.
Le début de la phase de l'*imprinting* suit de peu certaines modifications physiques très importantes : vue, ouïe, odorat deviennent actifs étant donné que les yeux, les oreilles et la truffe s'ouvrent. À ce moment-là, le chiot commence à entrer en relation avec le monde extérieur. Pendant cette période importante, le chiot fixe dans sa mémoire non seulement les représentants de sa propre espèce, mais aussi l'homme ou les autres animaux domestiques. De là dépend l'attitude que le chien aura envers ses semblables et l'homme, aussi est-il erroné de séparer trop tôt le chiot de sa mère et de ses frères, tout comme de priver les portées de leurs premiers contacts avec l'homme. L'éleveur doit se laisser inspecter, toucher, caresser et jouer avec la portée entière. De cette manière, il établit un rapport de confiance entre le chien et l'homme. Si l'imprinting de l'homme n'a pas lieu, le chiot restera pour toujours méfiant et peureux à l'égard des hommes et se comportera un peu comme un animal sauvage.
Le chiot doit être curieux et vif, il doit accourir et vous faire la fête, même s'il ne vous connaît pas, et montrer ainsi qu'il a confiance en l'homme. Ceci indique que l'*imprinting* a eu lieu avec succès.

pose les pattes sur vos vêtements ou menace d'abîmer les meubles sur lesquels il n'a pas le droit de monter. Pour intensifier la force du « non », on peut lancer par terre, près du chien, une petite chaîne ou un trousseau de clés dont le bruit intimidera le chien. La « punition » pour une bêtise doit consister seulement en un « Non ! » ferme, éventuellement renforcé par un coup de journal, si possible sans que le chien ne s'aperçoive d'où vient le coup. De cette manière, le chien entendra votre « non » et pensera que le coup vient de l'extérieur. Il est préférable que le chien n'associe pas votre personne à une punition corporelle, mais qu'il sente en vous rigueur et fermeté. Très vite, le chien associera le mot « non » à sa signification. Il est fondamental que le « non » soit prononcé lorsque le chien est en train de faire la bêtise ou lorsqu'il s'apprête à la faire. Par exemple, il faut lui dire « non » lorsqu'il est en train de faire ses besoins sur le tapis et non pas longtemps après qu'il les a faits car l'animal n'est pas en mesure d'associer la cause (mauvaise action) et l'effet (le « non ») après ses méfaits.

Un chiot curieux et vif qui montre qu'il a confiance en l'homme prouve que l'*imprinting* s'est fait avec succès.

Un chien doit être puni au moment où il fait sa bêtise et non pas longtemps après.

Il est également néfaste de punir l'élève une fois sur deux.
Le terme « Bravo ! » est l'inverse du « Non ! ».
Il doit évidemment être utilisé lorsque le chien se comporte bien (par exemple lorsqu'il fait pipi dehors). Il faut y mettre de l'emphase par la voix et le renforcer par des caresses ou des friandises. La prévention est sans aucun doute la meilleure méthode éducative : si vous voulez que votre chien fasse ses besoins en un endroit précis (boîte, balcon, jardin ou caniveau), n'attendez pas qu'il les fasse à la maison pour ensuite le mettre dehors en guise de punition.

Vous saurez très rapidement à quel moment le chien veut faire ses besoins : par conséquent, n'attendez pas qu'il commette une erreur, mais prévenez-la en l'emmenant au bon endroit, en le sollicitant et en le félicitant lorsqu'il a fini. De cette manière, il apprendra très rapidement ; il ne faut toutefois pas trop attendre d'un chiot. En effet, un chiot a besoin de se soulager de nombreuses fois par jour et sa capacité à retenir son urine est limitée. Chaque fois qu'il fait ses besoins au mauvais endroit, il faut faire disparaître le plus rapidement possible toute trace d'odeur : dans le cas contraire, il serait stimulé à répéter son erreur.

Le panier en plastique est plus hygiénique que le panier en osier et résiste mieux aux dents des jeunes chiens...

« Au panier ! »

Le chien qui vit à la maison aime généralement rester au contact de l'homme et s'isole rarement ; toutefois, il est important de lui fournir un espace réservé à l'intérieur de la maison (panier, niche).

Ce lieu doit être confortable ; en outre, le chien ne devra jamais le considérer comme un endroit de réclusion : par conséquent, il est conseillé, au début, de ne pas donner l'ordre « Au panier ! » comme s'il s'agissait d'une punition, sinon le chien tendra à l'éviter.

La niche à la maison peut être un panier en osier avec un coussin déhoussable, facile à laver, ou un panier en plastique qui, à la différence du premier, est plus hygiénique, est lavable et à l'épreuve des morsures. Les jeunes chiens peuvent en effet détruire les paniers en osier, surtout les bords latéraux.

Au lieu des paniers, on peut aussi utiliser des niches constituées d'une grosse toile attachée à un châssis métallique pliant. Ces niches, qui prennent peu de place, peuvent être pliées et transportées facilement.

Les paniers et les niches permettent au chien d'entrer et de sortir comme bon lui semble ; il faut les placer dans le lieu où vous passez le plus de temps, la cuisine ou le salon, par exemple, et loin des sources de chaleur.

Ne permettez jamais à votre chien de faire sa niche sur les lits ou le divan. Il prend cette mauvaise habitude en un instant seulement, mais vous aurez beaucoup de mal à la lui faire perdre. Il est extrêmement mauvais dans l'éducation du chien de lui permettre de monter sur le lit, puis de ne plus l'y autoriser, et de nouveau de le lui permettre. Le chien ne peut pas comprendre les raisons d'un tel comportement.

Le Westie n'est pas un chien frileux grâce à sa masse de poils qui rend parfois le panier inutile. Il se couche par terre, sur le sol froid, et observe ce qui se passe autour de lui.

À la maison, les paniers de transport sont parfois très pratiques. Par rapport aux paniers et aux niches, le panier de transport présente deux gros avantages : le premier est de pouvoir isoler

Le rappel doit être pour votre Westie comme un éclair qui le fait réagir immédiatement.

l'animal. Les occasions d'isoler le chien sont fréquentes à la maison et les paniers de transport, avec leur porte munie d'une serrure, permettent de le faire. Normalement, la porte doit rester ouverte, mais dans certains cas, il est providentiel de pouvoir la fermer. L'utilisation des paniers de voyage comme niche à la maison permet en outre au chien de s'y habituer avant de devoir voyager dedans.
Le second avantage concerne la possibilité, pour les chiens frileux ou ceux qui dorment dans des pièces non chauffées, d'augmenter la température du panier avec leur propre chaleur corporelle, du fait des petites dimensions du panier et de la possibilité de fermer provisoirement les prises d'air.

Lorsqu'il sera un peu plus âgé, le chiot élira le panier, la niche ou, mieux encore, le panier de transport comme « son endroit », il y entrera spontanément et volontiers, il ne dédaignera pas l'ordre « Au panier ! » donné, cette fois, pour éloigner l'animal de vous.
Ce sera sa tanière, un lieu où il se sentira protégé et où il pourra se reposer et jouer.

Le rappel

Il s'agit d'un autre ordre essentiel, surtout en ville ou dans des endroits où la circulation est dense, et qui peut sauver la vie de votre chien s'il vous échappe malencontreusement.

Le chien doit bien évidemment être motivé pour vous retrouver sur ordre : l'ordre en soi lui est en effet indifférent s'il n'a pas de raison pour le respecter, et cette raison réside dans l'affection et la confiance que vous réussirez à susciter en lui. L'erreur la plus grave consiste à suivre l'animal s'il ne répond pas à l'appel. L'erreur est encore plus flagrante si, une fois le chien rattrapé, vous le frappez pour ne pas avoir obéi. Habituez-le dès son plus jeune âge à son nom. Choisissez un nom clair, facile à mémoriser.
Chaque fois qu'il répond au rappel, félicitez-le. S'il ne répond pas au rappel, lâchez-le dans un endroit sûr et appelez-le sans aller vers lui. S'il ne répond toujours pas, faites-vous aider par quelqu'un. Appelez le chien tandis que votre ami lui fait peur. Généralement, le chiot courra vers vous pour trouver la sécurité ; c'est alors le moment de lui dire « bravo », de lui donner une friandise et de lui faire des compliments. Ne répétez jamais trop souvent son nom pour le rappeler : deux ou trois fois au maximum. Le rappel doit être comme un éclair pour lui : il doit le secouer. Dans ce cas également il faudra vous montrer compréhensif et inflexible à la fois. Il est important de le féliciter ou de le châtier oralement lorsqu'il le mérite. Pendant les séances d'éducation, il ne faut jamais avoir des prétentions exagérées, mais demander des prestations adaptées à l'âge du chien. Les séances doivent être brèves mais fréquentes.

Le « Reste ! »

Cet ordre est également très utile, surtout quand le chien doit être soumis à des soins ou au toilettage, ou encore lorsqu'il doit vous attendre dehors, etc. La méthode est toujours la même : l'utilisation du « non » et du « bravo » permettent de ne pas répéter l'ordre trop souvent.

La conduite en laisse

Il est inutile d'espérer une conduite en laisse correcte d'un chiot de Westie. Son plaisir de faire une promenade en

En ville, la conduite en laisse est indispensable.

votre compagnie serait gâché si vous attendiez trop de lui pour son âge.
Ce n'est que plus tard que le chien apprendra à rester « à la main » (comme un cheval), c'est-à-dire à répondre au collier et être sensible aux signes que vous lui communiquez au moyen de la laisse.
La première chose à faire est d'éviter de garder la laisse trop tendue et de se faire conduire par le chien car c'est à vous de le conduire. Lorsque la laisse est trop tendue, vous devez donner des à-coups légers mais fermes. Faites précéder chaque à-coup d'un rappel ou d'un « non » (de façon que seul le rappel soit suffisant par la suite) et ne perdez jamais le « contact » avec le chien. Rapidement, l'entente parfaite s'instaurera entre lui et vous. Naturellement, n'oubliez pas le « Bravo ! » lorsqu'il exécute l'exercice correctement.
N'exigez pas trop du chien. Un Westie un peu indiscipliné mais avec un port fier est préférable à un chien timide et peureux de faire un pas de trop.
Pour des raisons de sécurité, il est préférable d'habituer le chien, en ville, à marcher sur le trottoir et, pour des raisons d'hygiène, à faire ses besoins dans le caniveau. Dans les zones

Le Westie est un chien vif et intelligent qui ne demande qu'à apprendre.

Le Westie est un chien très joueur.

urbaines à forte population canine, il sera de votre devoir de ramasser les excréments de votre chien et de ne pas le laisser faire ses besoins en des lieux où les enfants jouent, comme par exemple les jardins publics. Dans certains cas, il est très utile d'avoir une laisse extensible (5-6 mètres), surtout dans les lieux ouverts ou pendant les promenades à la campagne. Ces laisses permettent à l'animal de se mettre à une distance « naturelle » de son maître et, dans le même temps, de rester sous son contrôle. Par distance naturelle on entend la distance que le chien en liberté mettrait entre lui et son maître pour ensuite revenir et s'éloigner de nouveau, comme c'est le cas pour tous les chiens (cette distance est plus grande que la longueur des laisses normales).

La conduite en laisse dans les expositions de beauté

La conduite en laisse dans les expositions de beauté demande une grande concentration et, surtout, une très bonne entente entre le conducteur et le chien.
Le port de tête du Westie doit être droit : ceci est déterminé en large mesure par son caractère et sa curiosité.

Les épreuves de travail

Les épreuves de travail sont des manifestations cynotechniques lors desquelles les chiens doivent montrer qu'ils savent effectuer leur travail, qui est différent d'une race à l'autre et pour lequel ils ont été créés. Pour les Terriers, il s'agit de savoir chasser sous terre. À telle fin, on place des tanières artificielles constituées d'un tunnel en bois long d'une quarantaine de mètres et en forme de huit. Aux croisements, on insère des « fours ». Les fours peuvent être fermés avec des grilles amovibles de façon à ce que l'on puisse y introduire un renard vivant, mais également à l'isoler et le protéger des attaques des chiens. En France, seul ce type d'épreuve est pratiquée. Au cours de l'épreuve, qui se termine par l'évaluation des qualités de chasseur des chiens, le Terrier doit être en mesure :

- d'entrer sans hésiter dans l'obscurité du tunnel de la tanière en suivant la trace odorante du gibier ;
- d'aboyer avec fermeté pendant deux minutes environ contre le gibier protégé par la grille dans le four ;
- de choisir d'instinct (grâce à son flair) la voie choisie par le renard lorsque la tanière bifurque.

Le juge doit évaluer la détermination avec laquelle le chien entre dans la tanière, le ton, la constance et la cadence de la voix, la passion qu'il met à suivre le gibier entre les fours et, enfin, s'il suit le renard à la bifurcation ou s'il se trompe de chemin. De telles épreuves sont surtout effectuées par des Terriers allemands ou des Terriers à pattes longues. Les Westies ne chassent plus depuis un siècle et n'ont jamais participé à des épreuves de travail, mais si vous possédez un chiot Westie ayant une attitude de chasseur, vous pouvez la cultiver, le dresser dans une tanière artificielle et, sans velléité, pour le divertissement, l'inscrire à une épreuve de travail. Étant donné que cette possibilité est peu probable, nous n'entrerons pas ici dans les détails sur le dressage spécifique. En effet, pour obtenir un titre de champion de beauté, le Westie n'a pas besoin de pratiquer de telles épreuves.

Les chasseurs s'intéressent à la conservation des instincts chasseurs de leurs chiens, tandis que l'exposant considère le « tempérament terrier » le plus souvent seulement en fonction du poids qu'il représente sur le ring. L'attitude vive, attentive et concentrée d'un Terrier d'exposition favorise par conséquent le port correct et peut indiquer un caractère ferme, mais il serait hasardeux de considérer cela comme un indice de bonnes qualités de chasseur. Pour le simple propriétaire de Westie de compagnie, une éventuelle attitude de chasseur pourrait s'avérer néfaste quand, lors d'une promenade à la campagne, le chien cherche à attraper une poule ou s'arrête des heures durant devant la tanière d'une taupe.

Le jeu permet au chien de faire de l'exercice physique.

La curiosité du chien sera tout d'abord orientée vers le sol. Il s'y trouve des odeurs nouvelles qui poussent l'animal à renifler par terre. Le travail d'un conducteur consiste à atténuer l'intérêt du chien pour le sol et à l'orienter vers d'autres objets. Dans la majeure partie des cas, le résultat, c'est-à-dire le port droit de la tête, est obtenu au moyen d'une tension non naturelle de la laisse sous le cou, en vérité plutôt inesthétique. Dans d'autres cas, extrêmement agréables à voir, les conducteurs réussissent à intéresser leurs sujets par la méthode de la récompense et des friandises. Les chiens se désintéressent du sol, ne baissent plus la tête pour renifler mais regardent le conducteur dans les yeux, en mettant ainsi leur tête droite. La laisse, pour le chien en position, reste souple et n'étrangle pas l'animal, et le conducteur se place devant le chien et non à ses côtés.

Pour ce qui touche au mouvement, le sujet d'exposition doit être bien adapté « à la main » ; il devra sembler léger en laisse, ne pas peser sur le collier ou tirer car sa propulsion ne doit en aucun cas être freinée.

En exposition, tous les chiens sont jugés sur le mouvement au trot. On pourrait peut-être critiquer la pratique qui veut que le conducteur tienne la tête haute pendant le mouvement, à l'aide de la laisse, car cela altère l'allure, mais il faut reconnaître que conduire un chien en ligne avec la tête haute, sans qu'il renifle le sol, demande une habileté hors du commun. Pendant le mouvement, il est plus difficile d'intéresser un petit chien comme le Westie au conducteur.

Le mouvement à la maison

Le West Highland White Terrier est très joueur, ce qui est un atout pour son éducation. Dans le jeu, on retrouve tous les comportements canins fondamentaux : l'instinct de la chasse, la sexualité, la sociabilité, le sens du territoire, etc.

Le jeu permet en outre au chien de faire de l'exercice physique. Normalement, le chiot est laissé libre de jouer comme il l'entend, et tant qu'il reste avec la portée, il n'y a pas de problèmes.

Lorsque le chiot arrive dans une nouvelle famille et se trouve seul, il faut l'inciter à jouer, lui offrir des jouets qu'il peut détruire, et jouer avec lui. Par ailleurs, l'attitude au jeu chez cette race, comme chez de nombreuses autres races de compagnie, est toujours présente, même à un âge avancé.

Vous pouvez favoriser son instinct naturel pour la chasse en cachant ici et là des objets qu'il apprécie ou des friandises pour l'inciter à les chercher, ou lancer des objets pour qu'il les rapporte, ou encore lui apprendre à sauter de petits obstacles ou à entrer dans des boîtes en carton, etc.Toutes les occasions sont bonnes pour lui faire faire de l'exercice.

Lorsque le chiot arrive dans une nouvelle famille, il faut lui offrir des jouets qu'il pourra détruire sans se faire gronder.

Comment comprendre son chien et s'en faire comprendre

par le professeur M. Verga

Il nous est arrivé à tous de remarquer la variété de signaux que les chiens utilisent, tant avec d'autres chiens qu'avec l'homme : signaux vocaux, comme gémir, aboyer ou grogner ; signaux visuels, comme se baisser sur les pattes arrière pour inviter au jeu, ou baisser les oreilles et la queue en signe de crainte.
Tous ces signes, et beaucoup d'autres, comme les signaux olfactifs transmis surtout par l'émission d'urine, font partie d'un « langage », qui est le système de communication propre à chaque espèce. Effectivement, à l'intérieur de chaque espèce, les animaux communiquent entre eux par des messages qui leur sont propres.

COMMUNIQUER... POURQUOI ?

Le langage est évidemment signe d'un certain niveau de sociabilité, c'est-à-dire du développement d'une vie sociale au sein de laquelle chaque individu trouve sa place et son rôle par rapport aux autres. Système avantageux, tant pour l'individu que pour le groupe. C'est en effet grâce aux indications du groupe que l'individu trouve la possibilité de se nourrir et de s'accoupler, c'est-à-dire de survivre et de se reproduire. Quant au groupe, il reste cohérent sans que ses membres luttent continuellement entre eux.
De plus, la communication entre membres d'un groupe social permet une défense plus assurée contre le danger, qui est signalé rapidement, même à distance, par des messages sonores.
Le chien fait partie des espèces très développées socialement, étant en l'occurrence une espèce riche en signaux de communication, surtout visuels, sonores et olfactifs.

LES DIFFÉRENTS MESSAGES

■ LES MESSAGES DU MUSEAU

Les expressions du museau sont fondamentales dans le langage canin, particulièrement chez les races qui peuvent modifier la position des oreilles. Celle-ci, ainsi que celle des lèvres, nous révè-

Les expressions du museau sont très importantes dans le langage canin.

lent les intentions du chien. En résumé, on peut retenir les points suivants :

- un regard fixe et attentif, la pupille rétrécie, accompagné quelquefois d'un grognement sourd et d'un léger hérissement du poil du dos, est un signe de menace ;
- un regard baissé et fuyant est signe de timidité, mais s'il sous-entend la peur véritable, il peut devenir un signal d'attaque ;
- un regard attentif, accompagné d'un battement de queue, d'un aboiement et d'une inclinaison du corps vers l'avant, peut signifier « veux-tu jouer avec moi ? » ;
- un regard languide et « parlant », presque implorant, le chien pouvant être assis et avoir l'eau à la bouche, signifie tout simplement que le chien attend patiemment sa pâtée ;
- un regard absent, une position apathique et une faible réaction à son entourage peuvent indiquer la maladie, d'origine physique ou nerveuse ; parfois, un tel regard précède de réelles crises de nerfs qui peuvent entraîner des réactions très agressives et absolument imprévisibles, pouvant même être dirigées contre l'homme.

Le chien est une espèce riche en signaux de communication.

CE QUE PERÇOIT LE CHIEN

Certains sont convaincus que le chien perçoit si une personne a des intentions amicales ou un sentiment de crainte, etc. En réalité, l'animal peut montrer qu'il a compris des messages transmis par l'homme, ne serait-ce que par la position de son corps.

LES MESSAGES DU CORPS ET DE LA QUEUE

Le corps du chien, dans son ensemble, est capable de transmettre un « discours », que ce soit en changeant de posture ou en hérissant le poil jusqu'à donner l'impression qu'il a augmenté de volume.

Le principe général est simple : plus la pose est imposante (oreilles dressées, poil hérissé, station debout), plus elle montre une domination sur l'environnement, y compris sur les autres chiens et les hommes ; à l'inverse, plus la pose est humble (queue entre les jambes, oreilles basses, position rampante), plus l'intention du chien est de se montrer soumis, vaincu, ou « amoureux » dans le cas d'un mâle courtisant une femelle en chaleur.

La signification du battement de queue n'est pas encore très claire : nous comprenons tous le message de notre chien quand il arrive vers nous en remuant la queue avec sa laisse, sa gamelle ou sa balle dans la gueule, et nous l'interprétons comme le désir d'aller en promenade, d'avoir à manger, ou de jouer avec nous.

Cependant, le chien remue la queue, même dans des situations de rivalité avec d'autres chiens, avec une signification agressive. Ce comportement se manifeste d'ailleurs déjà chez le chiot durant la tétée et, en général, quand il est en compétition avec ses frères. Chacun peut, d'un mouvement de queue, signaler sa présence, en répandant son propre signal olfactif qui, comme on le verra plus loin, est un autre système de communication important. Le battement de queue dans l'attente du jeu ou d'une récompense est un signal infantile que le chien adulte gardera envers ses semblables et l'homme.

RÔLE DE LA QUEUE SELON CERTAINS AUTEURS

Elle pourrait être :

a) un signal social ou sexuel, dans la mesure où elle couvre et découvre la zone anale et génitale, la cachant ou la montrant aux autres pour éveiller leur attention ;

b) un signe du rang social de l'individu à l'intérieur de la meute, dans la mesure où l'intensité et l'ampleur du battement de queue peuvent indiquer le contrôle de son émotivité par l'animal.

Le battement de queue dans l'attente du jeu est un signal que le chien conserve toute sa vie.

Quand le chien aboie sans raison...

Il arrive souvent que le chien tente littéralement d'assourdir son entourage en aboyant sans cesse et on entend des propriétaires désespérés dire « je ne sais plus ce qu'il faut lui donner ou lui dire pour le faire taire ».
Mais lorsqu'on sait qu'aboyer est pour le chien un système de communication, il est logique de constater que notre attention et notre réponse, loin de faire taire le chien, l'encouragent à aboyer. C'est donc au propriétaire de faire la différence entre l'aboiement « motivé » et l'aboiement inutile. Il faut prêter attention au premier et ignorer le second, pour que l'animal puisse remarquer quand son système de communication est approuvé ou non. Par exemple : si votre chien aboie longuement après vous avoir apporté sa balle, ne pensez pas qu'il arrêtera si vous le faites jouer, car il recommencera très vite. Si, au contraire, vous lui apprenez à obéir à un commandement de silence, alors vous pourrez lui lancer la balle pour jouer avec lui, en le récompensant de son silence.

En aboyant, le chien adulte signale à ses compagnons un danger ou une proie.

Les messages sonores

Les messages sonores sont largement utilisés par le chien pour communiquer, y compris sur de grandes distances. On connaît les chœurs qui se déclenchent aux heures les plus impensables quand, alors qu'on dort du sommeil du juste, les chiens de tout le voisinage se signalent mutuellement un bruit suspect ou simplement le passage de quelqu'un. Et on connaît aussi l'aboiement furieux de certains chiens qui signalent ainsi à leur propriétaire que quelqu'un s'approche de la maison, ce qui est naturel en tant que système de défense de son territoire par le chien, mais quelque peu fastidieux pour le propriétaire, autant que pour ses voisins ! C'est toutefois l'un des buts de la communication sonore : signaler un danger au groupe, de manière à pouvoir préparer la défense immédiatement. Les messages sont différents selon le type de voix utilisé : le chiot signale à sa mère qu'il a froid, faim ou besoin de soins en gémissant ; l'adulte signale à ses compagnons en aboyant qu'il faut être attentif au danger ou à une proie ; le mâle signale à la femelle, par une série de sons variés, son ardeur amoureuse.

Les signaux olfactifs et le marquage du territoire

Si vous avez un chien mâle, vous avez sans doute remarqué que, durant les promenades quotidiennes, si d'autres chiens sont présents, et surtout si vous allez dans un endroit peu familier, sa première préoccupation est de « marquer » d'urine tous les objets verticaux présents : arbres, roues d'automobiles, angles d'immeubles, etc. De cette manière, votre chien signale aux autres chiens sa présence et qu'il est éventuellement prêt à s'accoupler avec les femelles disponibles. Le message olfactif est basé sur l'émission d'odeurs à travers l'urine, la matière fécale, la salive et certaines glandes ; dans les périodes de chaleur, des « phéromones » sont émises. Ce sont des sécrétions dont l'odeur particulière indique la disponibilité pour l'accouplement. Le marquage du territoire est plus intense de la part des animaux « dominants », qui affirment de cette manière leur position. Un tel comportement peut être réduit par la castration.
Le fait de creuser des trous dans le sol peut également être un système de marquage du territoire.

Les signaux olfactifs permettent au chien de signaler sa présence.

Comment communiquer oralement avec son chien ?

Beaucoup pensent que le chien « comprend » la signification des mots les plus variés et des discours les plus complexes, au point de pouvoir instaurer avec lui un véritable dialogue, que ce soit pour le récompenser ou pour manifester son désaccord. La seule certitude, c'est que le chien apprend à associer un signal donné à son comportement : par exemple, il peut associer le mot « viens » au fait de s'approcher de nous et au fait de recevoir une récompense ; ou encore le mot « assis » au fait de s'asseoir devant nous pour recevoir immédiatement une caresse accompagnée d'un « c'est bien » ; ou les mots « va-t'en » en réponse à sa tentative de grimper sur notre divan préféré, suivi d'un « non » de désapprobation.

Quelques règles de communication avec le chien

- Le chien est un animal « social » : son comportement est déterminé par ses caractéristiques d'espèce et de race et par le milieu dans lequel il vit, de l'âge de chiot à celui d'adulte. Pour lui donner une éducation correcte et afin d'obtenir un animal équilibré, il faut communiquer avec lui et comprendre ses messages, dès qu'il est chiot, car c'est surtout dans cette première période de sa vie qu'il a le plus de capacités d'apprentissage.
- Si vous voulez « soumettre » votre chien (à condition d'avoir d'abord établi votre « domination » sur lui), prenez-le par la peau du cou comme le fait la mère avec ses chiots.
- Regarder un chien dans les yeux est un signe de défi.
- Des stimulations particulières telles que des cheveux, des uniformes, des tenues hors normes, comme la blouse du vétérinaire, peuvent provoquer des réactions de fuite ou d'agressivité chez le chien non habitué.
- Parfois, le chien peut mal réagir même à des stimulations apparemment neutres, du moins à nos yeux. En général, cela arrive parce que l'animal associe ces stimulations à des expériences particulièrement négatives ou traumatisantes vécues auparavant.
- On ne doit pas s'approcher d'un chien inconnu les bras levés, en gesticulant ou en battant des pieds.
- Chaque commandement d'obéissance doit être donné avec un message sonore et visuel toujours égal. Si plusieurs personnes s'occupent du même chien, il est important que toutes lui donnent des signaux concordants et que toutes aient les mêmes réactions face à ses comportements.
- Les récompenses ou les punitions (pas trop violentes !) ne sont efficaces que si elles sont immédiates et non données quelques heures ou même quelques minutes plus tard.
- La communication entre l'enfant et le chien est en général spontanée et réciproque ; toutefois, il vaut mieux contrôler, surtout au début, leurs rencontres afin d'éviter de désagréables malentendus, de part et d'autre.

À travers de telles associations, on instaure ce qu'on appelle « l'apprentissage par conditionnement », c'est-à-dire que le chien apprend qu'il y a une relation entre un certain signal sonore et son comportement. Le mot-signal correspondant a chacun des messages que nous voulons transmettre n'a pas d'importance, l'important étant d'utiliser toujours le même mot pour chaque message, sur le même ton et en faisant les mêmes gestes. Sans cela, le chien serait dérouté et on ne pourrait plus attendre de lui qu'il comprenne des signaux différents et y obéisse, même s'ils veulent dire la même chose.

Lorsque le chien salit la maison

Ce comportement pénible est caractéristique d'un chiot à peine introduit dans le milieu familial et va en dimi-

La communication entre l'enfant et le chien est en général spontanée.

nuant, jusqu'à disparaître lorsque l'animal, après une éducation adéquate, a appris qu'il ne doit « salir » qu'à l'extérieur du milieu domestique.

Si un tel comportement dure, il peut être le signe d'un état pathologique (le chien, malade, ne peut se retenir) ou d'une mauvaise éducation ou encore d'un trouble du comportement. Le « syndrome de l'abandon » en est un exemple, quand le chien ne salit la maison que lorsqu'il est seul.

L'urine « de soumission » est un cas particulier : le chien urine en plus ou moins grande quantité, par exemple au retour de ses maîtres, après être resté seul, ou quand il a été réprimandé ou encore lorsqu'il est particulièrement agité. C'est un phénomène émotif, qu'on ne résout jamais en punissant : comme pour les cas précédents et pour tous les problèmes de comportement, il est nécessaire de rechercher et de comprendre ce qui est à l'origine du trouble. Une fois exclue toute cause pathologique, on peut intervenir pour modifier le comportement de l'animal, si possible de manière durable et définitive.

L'important, pour bien communiquer avec son chien, est d'être cohérent et constant.

La reproduction

par le professeur L. Guidobono Cavalchini et le docteur C. Cristofalo

Le choix d'accoupler son chien doit être fait avec soin. Cela nécessite des connaissances spécifiques qui découlent d'une bonne préparation et d'une expérience solide. Si l'on n'est pas suffisamment préparé, il vaut mieux se fier aux conseils d'éleveurs expérimentés et sérieux. Il est nécessaire d'évaluer les sujets individuellement, mais aussi de connaître leur généalogie et les résultats des précédents accouplements.

L'ACCOUPLEMENT

Les reproducteurs doivent évidemment être sains et ne pas transmettre d'anomalies héréditaires (dysplasie de la hanche, cryptorchidie, ectropion, entropion, surdité, cécité, atrophie progressive de la rétine, etc.). Ils doivent, en outre, présenter des caractéristiques morphologiques et un caractère franc et équilibré.

Affronter la gestation, la mise bas et surtout l'élevage et le sevrage des chiots peut être une expérience émouvante et assez agréable, à condition d'être prêt à faire des sacrifices, d'avoir du temps et de disposer d'un lieu adapté.

Il est aussi nécessaire de prévoir suffisamment à l'avance à qui l'on donnera les chiots sevrés.

■ LA FEMELLE

Le chien est une espèce dont les chaleurs et l'ovulation se manifestent en moyenne tous les 6 mois, mais avec une amplitude très variable (de 5 à 12 mois) dépendant tant de l'individu que de la saison. Les chiens sauvages ne sont en chaleur qu'une fois par an en moyenne.

La chienne est en chaleur pour la première fois à l'âge de 8 à 12 mois, mais il vaut mieux ne la faire saillir qu'à partir des deuxièmes ou troisièmes chaleurs, car l'organisme n'est pas encore complètement mûr et une grossesse pourrait en compromettre le bon développement. Les chaleurs se manifestent durant toute la vie de la femelle qui n'est jamais ménopausée ; elles ne cessent donc pas avec la vieillesse.

Choisir d'accoupler son chien implique d'évaluer les sujets individuellement mais aussi de connaître leur généalogie.

Appareil génital de la chienne

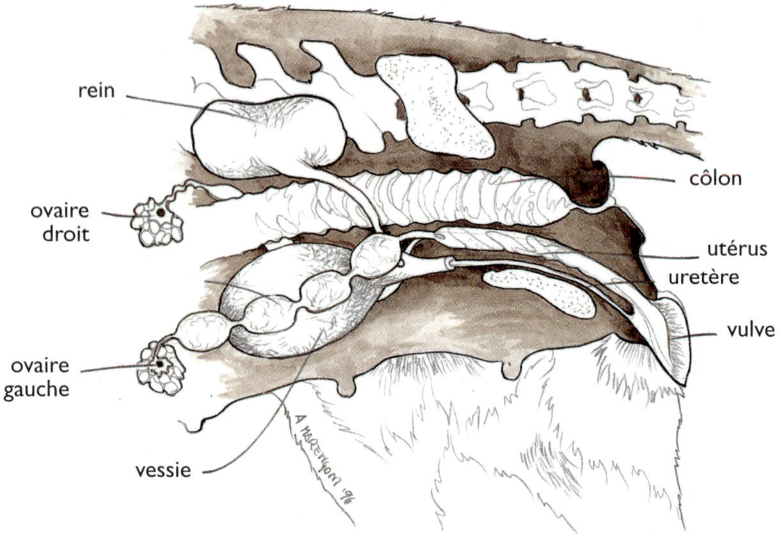

Il vaut mieux ne pas accoupler la femelle à chaque période de chaleur. Une fois sur deux est une bonne moyenne, de façon à laisser un temps suffisant entre deux grossesses. On déconseille l'accouplement aux

Comment détecter les chaleurs ?

- Elles sont d'une durée de trois semaines environ avec des variations individuelles notables.
- Le comportement de la chienne change : elle devient nerveuse et irascible avec des fugues fréquentes et imprévisibles, à la recherche de mâles.
- Elle joue volontiers avec d'autres chiens, mâles ou femelles, ainsi qu'avec ses maîtres, en imitant l'accouplement.
- Elle urine fréquemment mais très peu à chaque fois, et souvent en levant la patte, comme les mâles.
- La vulve s'élargit et la chienne se lèche fréquemment.
- Elle a de légères pertes vaginales sanguinolentes pendant les neuf ou dix premiers jours.
- L'ovulation a lieu entre le dixième et le quatorzième jour, et la femelle accepte alors le mâle.
- On observe cependant une grande variabilité selon les individus.

chiennes à partir de sept ou huit ans. Les différentes étapes physiologiques du cycle reproductif sont influencées par de complexes variations hormonales.

La femelle accepte le mâle exclusivement pendant la période de l'œstrus et généralement entre le dixième et le quatorzième jour, même si on trouve des femelles qui acceptent le mâle pendant plusieurs jours et d'autres pour un bref laps de temps : un jour ou même moins.

En général, une fois fécondée, la femelle n'accepte plus le mâle. Il est possible de repérer la meilleure période pour l'accouplement à l'aide d'un examen microscopique, d'un frottis vaginal ou d'une analyse du progestérone.

Le mâle

Les mâles atteignent également la maturité sexuelle vers huit à douze mois, mais il est préférable d'attendre l'année suivante pour les accoupler. Ils sont attirés par l'odeur des femelles qu'ils réussissent à percevoir à des distances considérables. Le mâle est fécond toute sa vie si on l'accouple régulièrement ; en revanche, un chien n'ayant jamais sailli avant quatre ou cinq ans pourra difficilement se reproduire plus tard.

Appareil génital du chien

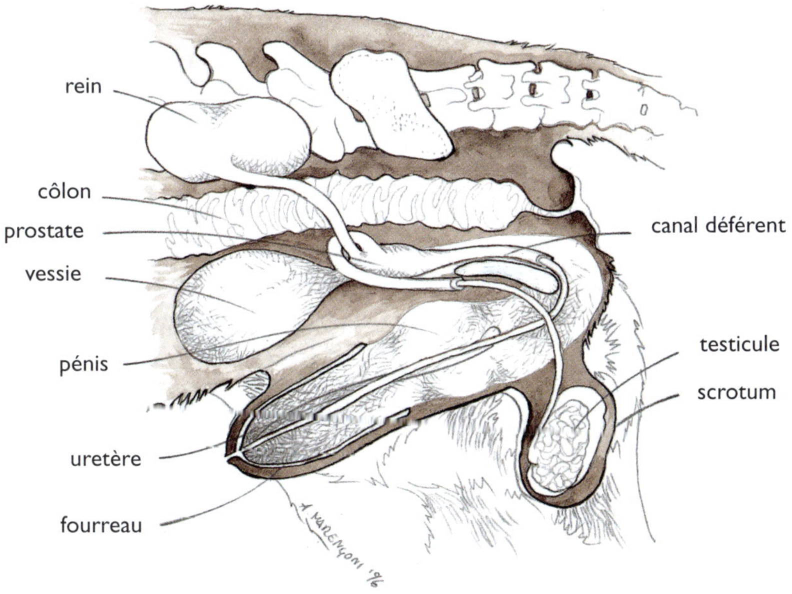

Les grossesses et les portées qui en découlent ne dépendent que d'un accouplement précis.

UN ACCOUPLEMENT INDÉSIRABLE PEUT-IL AVOIR DES RÉPERCUSSIONS SUR LES PORTÉES FUTURES ?

C'était une théorie courante au début du siècle, et elle est aujourd'hui totalement réfutée grâce aux connaissances biologiques actuelles. Selon cette théorie, une chienne qui se serait malencontreusement laissée « séduire » par un bâtard en ressentirait les conséquences négatives jusque sur les portées suivantes. Il n'y a aucune raison de s'inquiéter : les grossesses et les portées qui en découlent ne dépendent que d'un accouplement précis. Malheureusement, cette théorie a encore des adeptes de nos jours.

Déroulement de la saillie

Généralement, c'est le mâle qui est amené à la femelle au moment où elle se laisse saillir. Le moment le plus favorable peut être mis en évidence par des analyses, mais aussi par le comportement de la femelle qui, lorsqu'elle accepte le mâle, déplace sa queue sur le côté, surtout si on la touche sur le dos. Certaines femelles sont calmes, même en présence de mâles inconnus alors que d'autres, plus nerveuses, ont besoin de temps pour « faire connaissance ». La phase préliminaire est caractérisée par la cour du mâle et par des jeux rituels. Les deux chiens s'amusent et se lèchent jusqu'à ce que la femelle laisse le mâle la chevaucher (saillie) et permette ainsi leur union (copulation). Il arrive que la femelle refuse le mâle de manière énergique et même agressive ; c'est souvent parce que la période n'est pas la bonne, mais la chienne peut aussi, de cette manière, exprimer un problème de comportement. Chez les jeunes sujets, il est parfois nécessaire d'aider le mâle et de retenir la femelle, mais il est toujours préférable que les chiens aient tout leur temps pour une saillie naturelle.

Durant la saillie, le pénis pénètre dans le vagin, puis le mâle quitte le dos de la femelle et se retourne, sans se détacher d'elle, grâce à une particularité anatomique. Le pénis fléchit d'environ 180° et les deux chiens restent ainsi pendant 15 à 20 minutes, mais ce temps peut varier de 5 à 45 minutes selon les individus.

Pendant cette deuxième phase, le mâle éjacule. Le volume du pénis diminue et le mâle et la femelle se détachent. Une séparation violente peut provoquer des lésions des appareils génitaux. Il est donc nécessaire que deux personnes assistent à la saillie et soient présentes, dans l'éventualité où il faudrait retenir les chiens pour empêcher une séparation trop brusque.

Un rythme de deux ou trois accouplements toutes les 24 heures est conseillé.

Au cas où l'on ne réussirait pas à accoupler deux chiens, la fécondation artificielle reste possible.

La gestation

Elle dure en moyenne 60 à 63 jours. Mais il est difficile de savoir avec précision à quel moment se produit la fécondation des ovules, car les spermatozoïdes peuvent vivre assez longtemps dans l'appareil génital féminin. On a vu des cas de gestation durant 52 à 72 jours après l'accouplement. Il est judicieux de noter les dates de chaque

Plusieurs accouplements sont-ils néfastes ?

Une idée fausse est répandue : croire qu'une femelle ayant été accouplée plusieurs fois pendant plusieurs jours peut avoir des ovules fécondés à des moments différents. Cela entraînerait la naissance de certains chiots à terme et d'autres de façon prématurée. C'est une croyance sans fondements biologiques car l'ovulation est provoquée par des stimulations organiques précises et se produit rapidement.

Chez les chiens sauvages, il est normal que les accouplements se répètent plusieurs fois, tant que la femelle accepte le mâle, et cela ne nuit en rien à une grossesse normale. En répétant l'accouplement sur vingt-quatre à quarante-huit heures, on augmente la probabilité de fécondation.

Groupe de chiots Westies

accouplement. Chez le chien, la fécondation de l'ovule ne se produit pas immédiatement après l'ovulation mais a besoin d'une période de maturation de deux à trois jours. Pendant le premier mois de gestation, la femelle

La même portée peut-elle avoir plusieurs pères ?

Il est toujours possible qu'une chienne soit fécondée par plusieurs étalons durant la même période de chaleurs.
En fait, il est possible que plusieurs ovules soient fécondés par les spermatozoïdes d'un mâle et d'autres par ceux d'un deuxième mâle.
Cela peut arriver car la durée de vie d'un spermatozoïde dans l'appareil génital féminin est relativement longue. C'est cependant plutôt rare et, de toute façon, chaque ovule ne peut être fécondé que par un seul spermatozoïde.
Il faut cependant être vigilant, même après l'accouplement, pour éviter à la chienne de « mauvaise fréquentations ».

Diagnostic de la grossesse

- Il s'effectue entre le vingtième et le vingt-cinquième jour après l'accouplement, par palpation abdominale, avec cependant une grande marge d'erreur qui dépend de la masse de l'animal, de son poids et de la possibilité que l'on a de palper son abdomen.
- À la même période, une échographie permet de relever les formations embryonnaires et le battement cardiaque des fœtus.
- Après quarante-six à cinquante jours, une radiographie permet de voir la formation osseuse des fœtus.
- Il n'existe pas, comme pour d'autres espèces, de tests rapides.

ne montre pas de signe particulier. C'est seulement à partir du second mois que l'on remarque la prise de poids abdominale. Au cours de la grossesse, le poids peut varier de 20 à 55 %. En période de gestation, une chienne a besoin d'exercice physique, avec au moins une promenade quotidienne ; il vaut mieux éviter cependant les efforts trop violents et les sauts.
Pendant le deuxième mois, le régime alimentaire doit être amélioré et on peut donner deux repas quotidiens, en évitant cependant que la chienne ne grossisse trop.
Une semaine avant « l'heureux événement », il faut préparer une « couche » de mise bas.

La mise bas

Lorsque le terme approche, la femelle est inquiète, creuse des trous et cherche un « nid ». La veille, elle ne mange pas et, les douze à vingt-quatre heures précédant la mise bas, sa température rectale chute d'un degré centigrade. Il est donc bon de surveiller la température pendant quelques jours, toujours à la même heure, et de la noter. Il faut que la chienne ait un endroit où mettre bas. Elle doit avoir à sa disposition un endroit écarté et tranquille, une « cou-

Chienne Westie et ses petits

Tout jeune chiot aux yeux encore fermés (© Gauzargues/Cogis)

che » de mise bas : on peut prendre une caisse en bois, avec des dimensions variables selon le poids de la chienne. Pour un chien de taille moyenne, elles sont de 80 x 100 cm, avec des bords de 30 à 40 cm. On peut également disposer à l'intérieur, à 5 cm de hauteur environ, une balustrade pour éviter que la mère n'écrase ses chiots. On peut clouer une moquette au fond, mais il faudra la changer régulièrement. Durant l'hiver, en l'absence de chauffage, on peut mettre au-dessus une lampe à infrarouges, en faisant attention à ne pas trop chauffer. Pendant la mise bas, la chienne doit être le plus au calme possible. Elle n'a généralement pas besoin de l'aide de l'homme, mais il vaut mieux garder un œil sur elle.

Les chiots se présentent généralement par la tête, les membres antérieurs tendus vers l'avant, mais on rencontre fréquemment la position de siège, sans complications pour la mise bas. Par contre, si le chiot ne présente que la tête ou un seul membre antérieur, la naissance sera difficile ; il ne faut en aucun cas tirer, car les tissus du chiot sont encore très fragiles et pourraient subir des lésions graves. Il suffit de seconder la mère dans les poussées qu'elle effectue à intervalles

La mise bas est proche

- Une à deux semaines avant, les mamelons durcissent et la sécrétion de lait peut commencer, qui peut avoir aussi tardé jusqu'à l'avant-dernier jour.
- Deux à trois jours avant, la chienne est plus calme, elle s'isole et mange moins.
- Douze à vingt-quatre heures avant, la température rectale diminue d'environ 1 °C. Les muscles pelviens et abdominaux se relâchent. La chienne boit, mais ne mange pas.
- Douze à vingt-quatre heures avant, la chienne respire plus vite, elle creuse des trous et ronge des objets : elle prépare une couche où mettre bas.

Chienne allaitant ses petits (© Alexis/Cogis)

réguliers. La femelle, surtout lors de la première mise bas et si elle a plus de trois ans, peut avoir du mal à expulser le premier chiot et mettre une heure pour le faire.

Chaque chiot est enveloppé d'un sac transparent (l'enveloppe amniotique) que la chienne déchire juste après l'expulsion (il peut aussi se rompre pendant la mise bas) et qu'elle mange. Le chiot est ensuite poussé à respirer par sa mère qui le lèche soigneusement après avoir rompu le cordon ombilical en le mordant au niveau de l'abdomen. Elle pousse ensuite le chiot vers ses mamelles. Le placenta est expulsé avec le cordon ombilical ou cinq à dix minutes après la naissance du chiot, et il est mangé par la mère. Deux ou trois heures peuvent s'écouler entre chaque chiot, surtout entre le premier et le second, puis l'intervalle diminue. Quand la chienne est stressée, le dernier chiot peut être expulsé dix-huit heures après le premier ! La durée de la mise bas est donc variable. Selon le nombre de chiots et l'état de la mère, elle peut durer quatre à six heures ou se prolonger jusqu'à vingt-quatre heures, sans complications.

Dans tous les cas, si la mise bas dure plus de huit heures, il est préférable de consulter un vétérinaire.

Jeune Westie très prometteur

Durant la mise bas, les pertes sont verdâtres, avec des traces rosées ; elles sont très odorantes sans être putrides. Si au contraire, elles apparaissent jaunes, purulentes ou malodorantes, elles peuvent signifier une infection de l'utérus qui représente un danger réel pour la mère et les petits. Les mêmes pertes verdâtres peuvent aussi précéder la mise bas et sont dues à la formation d'hématomes consécutifs au détachement du placenta. En cas de difficulté, on peut procéder à une césarienne, que le vétérinaire effectue sous anesthésie générale. Vingt-quatre heures après la mise bas, on doit faire examiner la chienne, surtout si elle a de la température.

Il faut également vérifier que l'utérus évolue normalement. Dans les jours qui suivent la mise bas, l'utérus expulse les membranes et le sang coagulé. Si ce phénomène se prolonge, si les pertes sont anormalement abondantes ou odorantes, il faut consulter le vétérinaire.

Si un grand nombre de chiots ont vu le jour, une forme de tétanie peut faire son apparition chez la chienne. Elle est due à une carence en calcium qui est pompé par le lait qu'elle produit (éclampsie).

Après la mise bas, la femelle passe son temps dans la couche et il est difficile de l'en éloigner. Il faut être vigilant car elle peut se montrer très agressive envers les étrangers et les autres chiens : l'instinct la pousse à défendre sa progéniture.

La femelle allaite durant quarante à cinquante jours, jusqu'au sevrage, mais dès le vingt ou vingt-cinquième jour, on peut la seconder avec une alimentation artificielle pour chiots.

Durant la lactation, il faut vérifier que les mamelons ne sont pas douloureux et qu'ils donnent tous du lait.

La grossesse nerveuse

Cette pathologie est assez fréquente, y compris chez des chiennes normales. Les symptômes apparaissent deux mois après les dernières chaleurs et rappellent ceux d'une véritable grossesse : faim, soif, inquiétude et même parfois prise de poids abdominale et vomissements. La lactation apparaît au dernier stade et comporte de sérieux problèmes d'inflammation car il n'y a pas de chiots pour téter le lait. La cause de cette pathologie semble être la production excessive de progestérone.

Le choix du chiot

Une fois que vous aurez pris la décision d'acquérir un West Highland White Terrier, vous devrez ensuite décider si vous voulez un sujet d'exposition ou si vous voulez, à l'avenir, élever des chiots et si vous préférez avoir un mâle ou une femelle.

Mâle ou femelle ?

Si vous avez l'intention d'élever des chiens ou si vous voulez obtenir une portée par simple plaisir, il ne fait aucun doute que vous devez acquérir une femelle de qualité.

Si, au contraire, vous voulez seulement un chien affectueux, il faut prendre d'autres points en considération. La femelle connaît, physiologiquement, deux œstrus par an, qui durent de 10 à 20 jours chacun et pendant lesquels elle ressent le besoin de s'ac-

Le choix d'un mâle ou d'une femelle dépend de ce que vous attendez de l'acquisition de votre Westie.

Il est plus facile pour deux femelles de vivre ensemble que pour deux mâles, car la rivalité peut vite s'instaurer entre ces derniers.

coupler. Durant ces périodes, la femelle a des pertes de sang, tout d'abord fluides puis séreuses, qui peuvent salir les tapis, le sol, les vêtements, etc.

Il existe dans le commerce des culottes spéciales qui peuvent absorber les pertes, sinon la seule alternative est de ranger ou de protéger tout le mobilier qui risque d'être sali. Outre cet inconvénient hygiénique, sachez que, pendant ces périodes, vous devrez éloigner les éventuels mâles de la femelle en chaleur. Un autre inconvénient chez les femelles qui ne peuvent pas mettre bas est la grossesse dite nerveuse. Les femelles, même si l'accouplement – et par conséquent la fécondation – n'a pas eu lieu, présentent des manifestations psychophysiques semblables à celles de la gestation et de la mise bas : grossissement de l'abdomen, développement des mamelles, préparation de la couche et lactation. La production de lait peut alors entraîner des mammites, etc., car la chienne n'a pas de chiots pour téter le lait.

En faveur de la femelle, nous pouvons citer les points suivants :

- elle a généralement un caractère plus doux, elle est plus affectueuse et moins impulsive que le mâle ;

– elle est plus rapide que le mâle pour faire ses besoins : pour le mâle, faire pipi signifie en effet « marquer » son territoire, aussi distribue-t-il son urine en de nombreux endroits, ce qui demande plus de temps. La femelle urine en un seul endroit, lorsqu'elle en ressent le besoin. Ceci est un avantage pour les personnes qui vivent en appartement et qui ne disposent que de peu de temps pour sortir leur chien.

Le mâle ne sent les chaleurs des femelles que lorsqu'elles vivent à proximité ; dans le cas contraire, il n'éprouve pas le besoin de s'accoupler.

Certains pensent que les mâles sont plus beaux que les femelles. Les mâles sont légèrement plus grands et plus puissants que les femelles, mais la beauté n'a aucun lien avec la puissance. L'harmonie et le raffinement d'une femelle sont tout aussi agréables.

Si vous désirez posséder plusieurs Westies, sachez que si plusieurs femelles peuvent vivre ensemble sans problème, il n'en va pas de même pour les mâles en raison de leur sens du territoire et de la rivalité qui s'instaure entre eux.

L'attitude vive et curieuse des chiots est toujours un signe de bonne santé.

La beauté de votre Westie ne doit pas être le fait du hasard : sa stabilité génétique doit être garantie par ses ancêtres.

Beau ou juste moyen ?

Si vous désirez vous lancer dans l'élevage ou si vous avez l'intention d'exposer votre chien, vous devez savoir que plus il est beau, mieux ce sera. Élever ou exposer signifie aspirer à la perfection et avoir un Westie qui est absolument typique, qui est la quintessence de la race.

Il est important que cette beauté ne soit pas un fait du hasard, mais que la souche du chien, ses ancêtres et ses parents puissent garantir la stabilité génétique de cette beauté. Pour le propriétaire d'un Westie de compagnie qui ne souhaite pas participer à des expositions, il y a le problème de l'image. Pourquoi un non-cynophile choisit-il précisément un West Highland White Terrier ? Sans doute ne connaît-il pas la race à fond, mais s'est-il « amouraché » de son image aperçue dans quelque revue ou dans quelque publicité.

Ces images qui ont fait fondre le cœur des personnes qui aiment les chiens montrent en général des chiens typiques et toilettés. Imaginez alors la surprise de ces personnes lorsque, ayant acheté un captivant chiot blanc, elles se retrouvent deux ans après avec un

adulte qui n'est que l'ombre du chien qu'elles désiraient, aussi bien à cause de son poil que de sa structure morphologique.
Même les amateurs n'ayant aucune intention d'exposer leur chien doivent avoir des garanties au moment où ils achètent un chiot de Westie.

Comment choisir son chiot

Lorsque l'on choisit un chiot, la chose la plus importante est sa santé psychophysique. En général, son attitude vive, curieuse, exploratrice et sociable est toujours un signe de bonne santé.

Le chiot de deux mois environ accourra vers vous de manière joyeuse et confiante, même s'il ne vous a jamais vu. Vous devrez vous méfier des chiots trop introvertis, méfiants et peureux envers l'homme.
Cela peut indiquer un manque d'imprinting ou, plus fréquemment, une mauvaise santé. Avant l'achat, vérifiez que les locaux où vivent les chiots sont propres. Prenez le chiot dans vos bras, vérifiez qu'il n'est pas maigre, que son ventre n'est pas gonflé et dur, ce qui, comme la mauvaise haleine, indique la présence de parasites intestinaux. Vérifiez que la peau n'est pas irritée ou infestée de puces et de tiques, que la

Chaque chiot doit posséder un carnet de santé où sont inscrits toutes les vaccinations et tous les traitements antiparasitaires effectués.

truffe est fraîche et humide, que les yeux ne présentent pas de larmes, que l'intérieur des oreilles n'est pas malodorant, signe d'otite. Les excréments doivent être compacts, jamais liquides. Posez le chiot à terre et contrôlez sa façon de marcher, en particulier s'il utilise ses membres postérieurs avec énergie. Il arrive parfois, chez cette race comme chez d'autres, que les articulations présentent des défauts congénitaux. Le ventre peut être affecté d'une hernie ombilicale, maladie qui se soigne et qui, parfois, peut même être négligée lorsqu'elle est faible. Elle se présente sous la forme d'une petite boule au niveau du nombril. Vérifiez, en la pressant, que le gonflement peut rentrer : si ce n'est pas le cas ou si la hernie est consistante, laissez l'éleveur faire opérer le chiot et effectuez votre achat lorsque l'opération a eu lieu.

Les formalités d'achat

Les vaccinations et traitements vermifuges des chiots

Les traitements contre les parasites internes et les vaccinations sont une garantie contre les maladies en cours ou à venir. Les chiots doivent rester près de leur mère, ou à l'endroit où ils sont nés, jusqu'à l'âge de 45 jours au minimum. Le premier cycle de vaccinations contre la parvovirose, la maladie de Carré, l'hépatite infectieuse et la leptospirose ainsi que le premier traitement vermifuge sont effectués par le vétérinaire lors de la première semaine de vie. Chaque chiot doit posséder un carnet de santé où sont inscrits toutes les vaccinations et les traitements antiparasites effectués.
En fonction de ces indications, vous pouvez déduire l'âge minimum du chiot au moment de l'achat : jamais avant les deux premiers mois. L'acheter avant représente un risque : le chiot n'est pas encore immunisé contre les maladies, le taux de « mortalité infantile » est encore trop élevé.
En outre, il faut éviter d'emmener un chiot qui vient d'être vacciné dans des lieux à risque, comme les parcs, les jardins, les cliniques vétérinaires, etc. Gardez-le de préférence à la maison.

Le pedigree et les tatouages

Si vous achetez un chiot âgé de deux mois seulement, l'éleveur ne peut pas vous donner son pedigree pour la simple raison que les démarches administratives sont assez longues. L'inscription d'un chiot pour la délivrance du pedigree peut varier dans le temps. L'éleveur doit tout d'abord faire une demande d'inscription de la portée à la Société centrale canine. Chaque chiot se voit ensuite attribuer un certificat de naissance qui confirme qu'il est bien inscrit au Livre des origines français. Sans ce certificat, le chien ne peut pas obtenir de pedigree qui n'est à son tour délivré que lorsque le chien

On voit ici nettement le tatouage sur l'oreille droite du chien.

a satisfait à l'examen de confirmation. Comme vous pouvez le constater, tous ces documents ne peuvent pas être disponibles immédiatement ; par conséquent, vous devrez inévitablement acheter votre chien en faisant confiance à l'éleveur ou au commerçant. Le chiot doit néanmoins être tatoué.

Le tatouage est le premier « document » du chien. Le numéro imprimé sur sa peau doit également être inscrit sur son certificat de naissance, et ensuite sur son pedigree.

Personnellement, j'offre aux acheteurs un document officieux qui comporte des renseignements sur le chiot et l'éleveur, ainsi que l'arbre généalogique du sujet.

Le tatouage constitue pour l'acheteur la garantie que le pedigree reçu correspond effectivement au chien qu'il a acquis.

Où acheter votre chiot ?

Si vous désirez acheter un chiot de West Highland White Terrier, nous vous conseillons de vous adresser à l'un des trois types de vendeurs suivants :

a) les éleveurs amateurs qui produisent peu de chiens, mais de très bonne qualité ;

b) les éleveurs professionnels qui offrent plus de chiens, mais d'une qualité moindre ;

c) les commerçants ou les magasins d'animaux, très nombreux en France, qui offrent des sujets dont la qualité dépend des fournisseurs auprès desquels ils achètent les animaux.

Pour résumer, le chiot doit être sain, il ne doit pas avoir moins de deux mois, il doit posséder un carnet de santé où sont inscrits les vaccinations et les traitements vermifuges qu'il a subis, un document provisoire indiquant son arbre généalogique, et il doit être tatoué de façon à ce que vous puissiez vérifier l'authenticité de son pedigree.

Les caractéristiques d'un Westie pur sang sont déjà visibles chez le jeune chien.

Le chiot de qualité

Si vous cherchez, outre un West Highland White Terrier pur sang, un chiot prometteur du point de vue morphologique, vous devrez prendre en considération certaines caractéristiques déjà visibles chez le chien jeune :

a) le crâne est bombé, arrondi et plutôt large ;

b) la queue est naturellement courte ;

c) l'ossature, en particulier celle des antérieurs, est grosse et consistante ;

d) le poil dur, chez le nouveau-né, adhère au corps. S'il est doux, il forme des petites touffes ;

e) la pigmentation (ongles, paupières, coussinets) est noire et les yeux sont foncés.

À l'âge de deux mois, on peut déjà évaluer le caractère d'un chiot qui doit se distinguer par la curiosité et la confiance envers les étrangers et, inévitablement, par le port droit de la queue, la joie de vivre, etc.

Néanmoins, si vous voulez être absolument sûr de la qualité d'un sujet, vous ne devez pas l'acquérir à l'âge de deux-trois mois, mais à l'âge d'un an, lorsqu'il sera presque entièrement développé.

Pour être absolument sûr de la qualité d'un sujet, mieux vaut l'acquérie à l'âge d'un an.

L'élevage

En règle générale, si vous achetez un chiot de race, vous devrez l'élever depuis l'âge de deux mois jusqu'à sa mort. On élève un chien dans le sens où on fait en sorte qu'il soit toujours en bonne santé psychophysique et ce, jusqu'à un âge avancé, mais on s'intéresse rarement à la reproduction de l'espèce comme le terme « élevage » le laisse entendre.
Dans la plupart des cas, le chien vit au sein d'un groupe familial humain, avec lequel il instaure des rapports affectifs très étroits et exclusifs. Le Westie se trouve souvent être le seul représentant de sa « famille » ; il vit dans un état « d'isolement social », c'est-à-dire qu'il ne fréquente pas ses semblables, mais les êtres humains. Plus rarement, les chiens sont élevés en couple ou en groupe dans le but de les faire s'accoupler et se reproduire.

Devenir éleveur

Élever des chiens seuls, en couple, en groupe, à la maison ou à l'extérieur, de la naissance ou depuis l'âge de deux mois comporte divers problèmes qui doivent être considérés individuellement.
Dans les pays où la culture cynophile est évoluée, la Grande-Bretagne par exemple, il n'existe pas de véritable séparation entre l'éleveur et le propriétaire d'un chien de race.
Tous les propriétaires ou presque élèvent des chiens dans le sens ou ils produisent une ou plusieurs portées, en choisissant la meilleure femelle et un mâle célèbre. Si un mâle remporte un prix dans une exposition et fait ses preuves en tant que reproducteur, de nombreux propriétaires de femelles essayent de faire accoupler leur sujet avec ce mâle afin d'obtenir des portées de qualité.
Si vous voulez vous lancer dans l'élevage, l'achat d'un mâle de qualité médiocre ou dont la lignée n'est pas intéressante ne présente aucune utilité. Nombreux sont les propriétaires de mâles qui cherchent désespérément des femelles, pensant que l'accouplement est indispensable à l'équilibre psychique du chien ou au moins à son bien-être. En réalité, les chiens mâles n'ont un instinct sexuel que lorsqu'ils sentent une femelle en chaleur. Dans le cas contraire, l'activité sexuelle n'est pas une exigence, comme elle l'est chez les femelles lors de l'œstrus (environ 20 jours par an).

Élever des chiens en groupe demande beaucoup de temps et de travail. (© Hermeline/Cogis)

Les mâles, dans l'élevage sélectif, sont recherchés comme étalons seulement s'ils sont de très bonne qualité ; dans le cas contraire, vous ne pouvez qu'espérer que le propriétaire d'une femelle sans prétention ait l'intention de la faire s'accoupler pour élever une portée. Il est conseillé de tout miser sur les femelles.

LE CHOIX DE LA REPRODUCTRICE

Mme Williams, célèbre éleveuse de Terriers, conseillait d'acheter « la meilleure reproductrice possible », en soulignant l'importance des mères et des lignées féminines dans l'élevage sélectif. La mère comme le père ont une incidence sur la qualité des chiots, mais il est encore assez fréquent d'utiliser de médiocres reproductrices avec des étalons importants et primés plusieurs fois : il y a une tendance à surévaluer le rôle de l'étalon et à sous-évaluer celui de la reproductrice, vue plus comme une machine de mise bas que comme une porteuse de gènes.
Si vous réussissez à vous procurer la ou les bonnes femelles, trouver l'étalon adéquat sera un problème facile à résoudre : vous utiliserez le meilleur mâle disponible dont la lignée sera compatible avec celle de votre chienne.

Les règles à suivre dans la recherche de la reproductrice idéale sont détaillées ci-dessous.

1. Assurez-vous qu'elle provient de géniteurs capables d'effectuer les fonctions essentielles à la vie : s'accoupler, mettre bas, prendre soin de la portée sans l'intervention de l'homme.
2. Faites-vous conseiller par un expert à propos de son pedigree. Si vous n'êtes pas expérimenté, il est évident que vous ne pouvez pas connaître tous les chiens de l'arbre généalogique. Demandez plus particulièrement des détails sur la lignée féminine (mère, grand-mère, arrière-grand-mère, etc.).
3. Choisissez une femelle avec peu de défauts structurels, harmonieuse et avec un bon caractère vif, entreprenant, social et affectueux. Choisissez-la belle et prometteuse, déjà développée de façon à voir ce qu'elle deviendra. Acquérir une chienne de deux mois est risqué. Personne ne peut dire, à un si jeune âge, comment elle sera à l'âge adulte, même si on peut déjà évaluer certaines caractéristiques.

Dites clairement à l'éleveur que vous voulez l'exposer et la mettre en valeur avant de la faire se reproduire. Vous inciterez ainsi l'éleveur à vous vendre un bon produit, peut-être même un sujet qu'il aurait aimé garder pour lui.

Il ne faut surtout pas sous-évaluer le rôle de la reproductrice. (©V. Grossemy/Cogis)

Groupe de jeunes Westies

Si l'achat d'une chienne prometteuse se révèle trop onéreux, deux choix s'offrent à vous : le premier est de se replier sur une portée de deux mois, en sachant le risque que cela comporte. Dans ce cas, concentrez-vous sur l'arbre généalogique qui garantit la qualité, indépendamment du phénotype (aspect extérieur) de votre chienne. Le second choix est d'acheter ou de louer une femelle adulte déjà championne.

En fin de carrière, la valeur du chien décroît et il n'est pas rare que les éleveurs veuillent se débarrasser de leurs chiens adultes pour faire place aux jeunes prometteurs. Si vous achetez un chien adulte, vérifiez qu'il est en mesure de se reproduire ou, pour être plus clair, vérifiez que la stérilité n'est pas la cause du désir de le vendre. Pour éviter les mauvaises surprises, il est préférable d'acheter une chienne qui a déjà mis bas au moins une fois au chenil.

Pour se procurer une ou plusieurs femelles adultes de qualité, on peut aussi signer des accords particuliers entre éleveurs et propriétaires, par exemple la location de femelles sur lesquelles l'éleveur garde des droits partiels.

Malheureusement, l'achat d'un chien adulte comporte des risques si vous voulez l'élever à la maison, même

Les chiens élevés dans des chenils ont souvent besoin de la compagnie d'autres chiens par la suite.

comme chien de compagnie. Les sujets adultes qui ont passé leur vie en chenil ont une certaine immaturité dans leurs rapports avec les hommes et, parfois, éprouvent des difficultés à assimiler les règles de vie commune qu'un chiot apprend avec facilité.

Parfois, ces chiens ont un caractère que je qualifierais de « caractère d'enfant trouvé », assez anxieux par peur d'abandon ou d'isolement, et dépaysé. Ces chiens en chenil semblent parfois être des lions, mais en dehors de ce lieu, ils ne sont plus aussi sûrs d'eux-mêmes. Parfois encore, ils s'attachent exagérément à leur nouveau maître. En ce qui concerne les règles de vie commune, je me réfère par exemple aux besoins que le chien doit faire dehors. Un chien de chenil ne fait pas la différence entre dedans et dehors et risque de faire ses besoins à la maison, comme il le faisait au chenil. En réalité, il peut apprendre les règles mais, comme je l'ai dit plus haut, il vous faudra plus de patience qu'avec un chiot car ce chien adulte n'aura pas été éduqué pendant sa phase évolutive.

Les chiens adultes de chenil ont besoin d'être en compagnie d'autres chiens car ils ne sont pas habitués à l'isolement social caractéristique des chiens de compagnie et ils en souffrent souvent.

Dans ce cas, l'accueil d'un chien adulte de chenil auprès d'un chien de compagnie bien éduqué et équilibré peut faire des miracles.

Le choix du reproducteur

Une fois que vous vous serez procuré la bonne reproductrice, vous pourrez la faire s'accoupler au mâle vers le treizième jour des chaleurs, mais pas avant l'âge de deux ans. C'est le propriétaire de la femelle qui doit se déplacer chez celui du mâle. Le propriétaire du mâle peut, en échange de la saillie, demander de l'argent (généralement, le prix est inférieur à celui d'un chiot), ou bien l'un des nouveau-nés. Dans le choix du mâle, outre les considérations d'ordre génétique, cherchez, si vous le pouvez, à ne pas en choisir un qui présente les mêmes défauts que la femelle.

Si les beaux chiens ne donnent pas toujours de beaux chiots, il est rare que des géniteurs sans qualités donnent de beaux chiots.

Ceci vaut pour ceux qui espèrent obtenir des chiens typiques et beaux, c'est-à-dire, sans l'ombre d'un doute, des West Highland White Terriers.

Pour les personnes qui ne sont pas intéressées par la tutelle et l'amélioration de la race, le discours est différent, mais quiconque élève des Westies dans un seul but financier considérera la productivité des reproductrices comme leur qualité essentielle.

Dans ce cas, mais cela vaut aussi pour l'élevage sélectif, les femelles avec des difficultés de gestation, de mise bas et d'élevage de la portée devront être écartées de la sélection, pour éviter que leurs défauts ne soient transmis à leurs chiots.

L'INSTALLATION DES CHIENS

Avant d'acheter le ou les chiens, vous devez réfléchir à la façon dont vous allez les loger.

En règle générale, le chien doit avoir son propre coin, qu'il s'agisse d'un chien de compagnie vivant à la maison ou de plusieurs chiens élevés dehors.

Le panier, la niche, la cage, la pièce ou le chenil doivent être des lieux où le chien peut se réfugier pour se reposer et se sentir en sécurité. Il est vrai que les chiens se sentent plus en sécurité entre les jambes de leur maître et que certains lieux énoncés ci-dessus sont des lieux d'exclusion, mais il est malheureusement impossible de garder le chien sur ses genoux toute la journée, à plus forte raison si l'on en possède plusieurs. Il est du devoir du maître de faire en sorte que de tels endroits soient plaisants pour les animaux.

Il faut savoir que le chien est un animal dynamique et territorial. Il n'existera jamais de maison ou de chenil assez grands pour se substituer au plaisir de faire une promenade ou une course au beau milieu des champs. Le chien a besoin d'explorer, d'inspecter le territoire, de communiquer avec le monde qui entoure la maison ou le chenil.

Le panier doit être un lieu où le chien peut se réfugier pour se reposer et se sentir en sécurité. (© Labat/Rocher)

L'allaitement artificiel peut être nécessaire pour certains chiots. (© Hermeline/Cogis)

L'élevage ne doit pas seulement poser des problèmes de sélection et de production. Il en va du droit des animaux d'avoir des conditions de captivité acceptables.

La mise bas

Les accouplements entre mâles et femelles se font sans problèmes, de telle sorte qu'il est rarement nécessaire d'avoir recours à la fécondation artificielle. Les œstrus féminins sont presque toujours réguliers ; il n'en va pas de même pour la mise bas. Mme Rose Angela Conteduca, propriétaire de l'élevage Iarladiuc affirme que « l'on doit parfois avoir recours à la césarienne, en particulier chez les femelles qui ont une vie sédentaire ou qui vivent à la maison. La césarienne est en effet plus rare pour celles qui mènent une vie plus active. En ce qui concerne les problèmes postnataux, on vérifie parfois des crises d'éclampsie, dues à un déséquilibre du rapport calcium-phosphore. La crise se manifeste par une respiration rapide, des contractions musculaires et un fort halètement. Il faut alors immédiatement consulter le vétérinaire qui, au moyen d'injections appropriées, rétablira le juste équilibre calcium-phosphore.

Il faut faire très attention aux mises bas par césarienne chez les primipares car, parfois, au réveil, la mère ne réalise pas immédiatement ce qui lui est arrivé et elle risque de mordre les chiots et de les tuer. »

À propos de la natalité, de la mortalité infantile et du sevrage des chiots, Mme Conteduca affirme que « généralement, une portée comporte trois ou quatre chiots. Certains sont parfois peu viables et pour réduire les risques de mortalité, je les aide par l'allaitement artificiel, en les gardant au chaud près d'un radiateur ou sous une lampe à infrarouges. Lorsqu'ils atteignent 15-20 jours, ils peuvent être considérés hors de danger. À cet âge, on peut commencer le sevrage. Personnellement, je commence avec des produits homogénéisés et des crèmes aux

Le livre généalogique et le pedigree

En France, le livre généalogique prend le nom de LOF, ou Livre des origines français. C'est dans ce livre que sont inscrits les West Highland White Terriers, entre autres. Il s'agit d'un registre où l'on note les chiens pur sang seulement, avec les renseignements généalogiques qui les concernent (arbre généalogique comportant l'ascendance jusqu'à la quatrième génération : parents, grands-parents, bisaïeuls et trisaïeuls), leurs signes distinctifs (couleurs, taches), et leur identité (tatouage).

On peut inscrire au LOF des chiens français nés de parents déjà inscrits au LOF ou des chiens étrangers appartenant à des personnes françaises, à condition :

a) qu'ils soient régulièrement inscrits au Livre des origines de leur pays de provenance, membre officiel de la Fédération cynologique internationale ;

b) que l'inscription à ce registre et que le passage de l'étranger à la France soient certifiés par des documents officiels (pedigree export).

Toute personne voulant inscrire son chien au LOF doit en faire la demande à la SCC. En effet, la cynophilie française est représentée par la SCC, qui est membre de la FCI.

L'inscription du chiot au LOF a lieu en deux temps.

Le propriétaire de la chienne doit tout d'abord déclarer la naissance des chiots auprès de la SCC.

Dès que les animaux sont tatoués, l'éleveur doit remplir le formulaire de demande d'inscription de la portée au LOF puis l'envoyer à la SCC. Les frais d'inscription sont à sa charge. Ce formulaire comprend les informations suivantes : le nom des chiots, leur sexe, leur couleur, leur type de poil, leur numéro de tatouage.

La SCC fournit ensuite un certificat de naissance pour chaque chiot. Sur ce document sont inscrits : le nom du chien, sa race, son sexe, sa robe, son poil, sa date de naissance, sa taille, son numéro de tatouage, le nom du producteur, le numéro d'inscription au LOF ainsi que le détail de l'arbre généalogique.

Lorsque le chien a passé l'examen de confirmation avec succès, il peut alors recevoir son pedigree qui est un document semblable au certificat de naissance quant aux renseignements qu'il fournit. Il comporte en outre le nom du propriétaire du chien.

Au dos du pedigree se trouve une page où seront inscrits les prix et récompenses obtenus par le chien, ainsi que le nom des propriétaires successifs, dans le cas où le chien est vendu par son propriétaire d'origine.

Les expositions ont pour objet la beauté et la conformation extérieure du chien. (© Alexis/Cogis)

céréales pour nouveau-nés. Le sevrage terminé, les chiots n'ont pas besoin d'un régime spécial, mais seulement d'une diète équilibrée, à laquelle on ajoute des vitamines puis, après trois mois, du calcium. »

Les chiots ne sont soumis à aucune amputation, mais certains éleveurs leur coupent les éperons, ou cinquième doigt, des pattes antérieures quelques jours après la naissance.

Cette phalange atrophiée et privée de fonction entraîne souvent, si elle est conservée, de douloureuses torsions de l'ongle. Les exemplaires de cette race peuvent être sujets à des maladies héréditaires, par exemple la nécrose aseptique de la tête fémorale, l'ostéopathie crânio-mandibulaire, la malformation du palais, mortelle chez les chiots car les rejets de lait passent dans les voies respiratoires et entraînent la mort par asphyxie. Toutefois, la race jouit généralement d'une bonne santé et même de longévité : les Westies peuvent en effet vivre jusqu'à l'âge de 15 ou 16 ans.

Les expositions de beauté

Pour le West Highland White Terrier, les expositions de beauté représentent la seule possibilité de participer à des

Lors d'une exposition de beauté, le gagnant est celui qui exprime le mieux les caractéristiques de « type » décrites dans le standard. (© Alexis/Cogis)

concours de cynophilie active ou sportive car à l'heure actuelle, les Westies n'effectuent pas d'épreuves de travail ou d'*agility*.

Les expositions de beauté sont en outre un terrain de confrontation et de vérification de l'activité sélective pour les divers éleveurs et propriétaires. Les expositions ont pour objet la beauté et la conformation extérieure du chien. La beauté en cynophilie ne se réfère pas à un concept esthétique abstrait, mais au respect d'un sujet aux canons prescrits par le standard de la race. Chaque race a en effet un standard officiel qui décrit le sujet idéal. Lors d'une confrontation entre plusieurs sujets appartenant à la même race, le meilleur sera celui qui exprime le mieux les caractéristiques de « type » décrits dans le standard. Le standard se réfère à son tour en partie à un concept de beauté fonctionnelle ; il décrit par conséquent des caractéristiques morphologiques qui doivent permettre à un sujet d'exécuter sans problèmes les tâches pour lesquelles la race a été sélectionnée (dans le cas du Westie, la chasse en tanière), même si cette activité n'est plus pratiquée. Dans les expositions, les chiens sont soumis au jugement d'un expert et divisés en classes (débutants, jeunes, ouverte, travail et champions). Le juge, outre la

Deux Westies en compétition (© Alexis/Cogis)

qualification de chaque chien présent (excellent, très bon, bon, assez bon) et l'attribution d'un jugement écrit, doit donner un classement (premier, second, etc.) des sujets dans chaque classe. Ensuite, il nomme le meilleur de chaque classe par sexe, éventuellement en assignant des titres valables pour l'attribution du titre de champion français ou international. Il effectue

Les affixes

La FCI (Fédération cynologique internationale) concède à certains éleveurs répondant aux critères un affixe ou un suffixe.

Par affixe on entend la dénomination d'un élevage destinée à distinguer les produits. L'affixe précède et le suffixe suit le nom du chien qui provient d'une reproductrice dont le titulaire de l'affixe est propriétaire.

Il s'agit en quelque sorte d'un label de qualité.

L'affixe est à l'élevage ce que l'appellation d'origine contrôlée est au vin. Il ne suffit pas d'en faire la demande pour obtenir un affixe, mais il faut prouver avoir agi positivement sur la sélection. L'utilisation d'un affixe non reconnu par la SCC ou la FCI est interdite.

La SCC

La cynophilie officielle française est représentée par la SCC (Société centrale canine), dont le siège se trouve à Aubervilliers.
La SCC préside à toutes les pratiques relatives à l'élevage des chiens de race pure, comme par exemple l'inscription des portées au Livre des origines.
Les clubs spécialisés sont des organismes affiliés à la SCC ; ils ont pour but de parrainer une race spécifique ou un groupe de races affines.
En France, le Club des amateurs de Terriers d'Écosse a été fondé par Mme de Perceval le 13 avril 1937.

Pour plus de renseignements, vous pouvez vous adresser à :
SCC - 155, avenue Jean-Jaurès - 93535 Aubervilliers Cedex
Club des amateurs de Terriers d'Écosse
Présidente : Mme Françoise Lladeres
Rouyes - Belves de Castillon - 33350 Castillon la Bataille
Secrétaire générale : Mme Marie-Claire Sahri
Clos Saint-Exupéry - 94, rue A. Bolland - 78300 Poissy

ensuite un barrage entre le meilleur mâle et la meilleure femelle pour la proclamation du titre de meilleur de la race.
Le meilleur de la race accède ensuite au barrage final avec les meilleurs chiens appartenant à d'autres races de Terriers, et en cas de victoire, avec les meilleurs chiens toutes races confondues. Le titre le plus prestigieux d'une exposition est le « best in show », c'est-à-dire le meilleur chien de toute l'exposition canine.

Le championnat de France de beauté

Pour obtenir un titre de champion de France, le West Highland White Terrier doit avoir obtenu au préalable les titres suivants :
– trois CACS (certificat d'aptitude et de conformité au standard) dont un a été obtenu soit au championnat de France, soit à la Nationale d'élevage ;
– un CAC (certificat d'aptitude au championnat) remporté dans une exposition internationale présidée par un juge français au moins.

Le championnat de beauté international

Pour être proclamé champion international de beauté, un sujet doit obtenir quatre CACIB (certificat d'aptitude au championnat international de beauté) dans trois pays différents, dont un dans le pays de résidence du chien, et qu'un an se soit écoulé entre l'obtention du premier et du dernier CACIB.

Les voyages

Les chiens voyagent volontiers avec leur maître. En général, ils ne souffrent pas de mal au cœur, surtout s'ils sont habitués à la voiture dès leur plus jeune âge. Le chien monte toujours avec une certaine excitation dans l'automobile, pas tant par amour du voyage que parce que cela lui permet d'explorer de nouveaux territoires. Certains chiens sont très curieux et aiment regarder par la fenêtre tandis que la voiture roule.

Les paniers en plastique protègent mieux du froid et de la lumière. (© Alexis/Cogis)

La voiture est vue par le chien comme un lieu très privé et intime de la famille humaine ; aussi la défend-il assidûment. Bien que le voyage en voiture soit agréable, il comporte néanmoins certains risques.

Le premier danger survient à l'ouverture des portières. Le chien peut en effet sortir lors d'un arrêt et risque alors de se faire écraser par une voiture qui passe. Par conséquent, soyez vigilant afin qu'aucun accident n'ait lieu, éduquez votre chien de façon qu'il obéisse ou habituez-le dès qu'il est tout petit à voyager dans un panier de transport, ce qui représente la meilleure solution.

Le panier de transport est très pratique. Lorsqu'il s'y trouve, le chien se sent en sécurité, il peut dormir sans être ballotté au moindre virage, il peut s'étendre et appuyer ses pieds contre les parois. Le panier de transport est en outre doté d'un système de fermeture qui garantit la sécurité du chien lorsque les portières sont ouvertes. De plus, le panier de transport est utile dans d'autres occasions (voir encadré intitulé « Les paniers de transport », p. 93). Le deuxième danger pour le chien est de rester dans une voiture garée en plein soleil : la température excessive à l'intérieur de l'habitacle peut entraîner la mort de l'animal. Par conséquent, veillez à garer votre voiture à l'ombre et laissez les fenêtres légèrement ouvertes.

Les documents de voyage pour le chien

En France, vous n'avez pas besoin de documents ou de certificats sanitaires pour voyager avec votre chien, à moins que vous ne deviez participer à une exposition canine. En revanche, pour l'emmener à l'étranger, il faut généralement un certificat de vaccination contre la rage.

Pour obtenir plus de renseignements à ce sujet, adressez-vous aux autorités du pays dans lequel vous désirez vous rendre.

Les vacances et les pensions pour chiens

Souvent, pour diverses raisons, il n'est pas possible d'emmener son chien avec soi. Dans de nombreuses localités, les hôtels ou les propriétaires des appartements en location n'acceptent pas les animaux. Sur certaines plages,

Les paniers de transport

Ces paniers sont indispensables en voyage et très pratiques à la maison, à l'hôtel, etc.
Il s'agit de petits réceptacles dotés d'une porte avec une serrure. Dans certains, il est possible de placer une écuelle ou un distributeur d'eau sans qu'il se renverse.
Ils peuvent être faits de divers matériaux : grillage, plastique, bois, les paniers en bois étant fabriqués artisanalement. Dans le commerce, on trouve des paniers en plastique (ceux qui sont utilisés lorsque l'on expédie un chien par avion) et en grillage.
Les paniers les plus hygiéniques sont ceux en grillage car ils sont dotés d'un fond amovible, facilement lavable, ou en plastique car le matériau est imperméable.
Les paniers en plastique peuvent être empilés, c'est-à-dire que le fond mouluré de l'un s'emboîte dans le toit de l'autre.
Les paniers en plastique protègent mieux du froid que ceux en grillage et sont plus agréables pour le repos du chien car ils protègent aussi de la lumière.
Le panier en grillage, ou cage, peut être protégé par une toile, être plié et prendre ainsi moins de place, et est très pratique en été car la circulation de l'air s'y fait plus facilement.
Chaque type de panier a ses avantages et ses inconvénients. Personnellement, je préfère les paniers en bois ou en plastique si on les utilise avant tout comme niche à la maison ; pour les voyages en voiture, je conseillerais les cages.
En ce qui concerne l'utilisation des paniers et les avantages qu'ils comportent, vous pouvez vous reporter aux paragraphes « Au panier ! » et « La niche à la maison » dans le chapitre sur l'éducation.

l'accès des chiens est interdit. Les pensions pour chiens sont alors une solution si vous ne connaissez personne à qui confier votre chien provisoirement. De nombreux propriétaires ne supportent pas l'idée de devoir enfermer leur chien adoré dans une pension. Ils sont submergés par d'indicibles complexes de culpabilité et téléphonent tous les jours pour savoir si l'animal mange, dort ou pleure.

Telle est la nature humaine : certaines personnes traitent leur chien comme s'il s'agissait de leur enfant, et d'autres l'abandonnent au bord de l'autoroute, peut-être même sous les yeux de leurs propres enfants. Mais revenons au chien adoré, habitué à être soigné et gâté par ses maîtres du matin au soir, et qui se retrouve en pension. J'en ai connu plusieurs dans ce cas.

Au début, ils pensent que le ciel leur est tombé sur la tête, ensuite ils voient que même lorsqu'ils pleurent, personne ne leur ouvre, qu'il y a d'autres chiens dans la même situation et qu'ils restent tranquilles. Ils se résignent, parfois en vidant leur écuelle dès le premier jour et, souvent, ils éprouvent de l'affection pour la personne qui s'occupe d'eux. Mais ne vous inquiétez pas. Dès qu'ils vous revoient, ils oublient immédiatement que vous les aviez placés en pension.

Il est important de s'adresser à des pensions sérieuses, dirigées par de véritables cynophiles. Le propriétaire lui-même n'accueillera pas de chiens en mauvaise santé, il voudra voir le carnet de santé, et n'acceptera les chiens que s'ils ont été vaccinés et traités contre les vers.

Il vous demandera peut-être de mettre un collier anti-puces à votre chien avant qu'il n'entre en pension, afin qu'il n'infeste pas les autres pensionnaires.

L'aspect hygiénique et sanitaire des lieux est fondamental, en raison de la forte concentration d'animaux domestiques. Les requêtes en matière d'hygiène et de santé faites par le propriétaire de la pension ne doivent pas être considérées comme un manque de confiance à votre égard, mais bien comme une marque de sérieux professionnel.

Certains propriétaires choisissent des pensions situées près de leur lieu de villégiature, et réussissent ainsi à passer des vacances agréables sans se priver de faire de fréquentes visites à leur compagnon.

Le toilettage

Toiletter signifie, en général, prendre soin du corps de l'animal en le maintenant dans les meilleures conditions hygiéniques et esthétiques. Le toilettage du Westie consiste en une série d'opérations hygiéniques de base (par exemple la coupe des ongles et le brossage) communes à toutes les races canines et en certaines opérations complexes dont le but est de conditionner et d'entretenir le poil (stripping, trimming)*.*
Pour le chien, le toilettage peut représenter un agréable contact physique avec l'homme (dans certains cas, c'est même un contact relaxant) ou une torture ; tout dépend de l'habileté de la personne qui toilette. Il est très important de s'en remettre à un professionnel ou à un éleveur, en observant leur technique, en apprenant avant de s'exercer sur le chien.

Pour avoir un poil de bonne qualité, votre Westie doit avant tout être en bonne santé.

Robe et couleurs

Le poil du West Highland White Terrier doit être double, c'est-à-dire constitué d'un poil de couverture et d'un sous-poil. Le poil de couverture, celui visible de l'extérieur, est formé de poils durs, longs de 5 cm environ, sans aucune frisure, c'est-à-dire droits. Le sous-poil, au contraire, ressemble à de la fourrure, est court, doux et dense. La robe en général doit être compacte, épaisse et bien fermée.
La tête doit être abondamment couverte de poil.
Le poil sur les oreilles doit être court, lisse, velouté et non taillé. Les membres antérieurs doivent être recouverts d'un poil épais, court et dur, tout comme les pieds. La queue est recouverte de poil dur, sans frange.
La couleur du poil ne peut être que blanche, comme l'exige le standard, mais des nuances crème sont acceptées, surtout si, comme cela arrive souvent, elles sont accompagnées d'un poil plus dur. En contraste avec le poil blanc, les muqueuses doivent être bien pigmentées, le plus foncées possible. La truffe est noire. La peau des coussinets et les ongles sont de préférence noirs. Les yeux sont foncés (marron ou noisette foncé, jamais noirs). Le standard ne le spécifie pas, mais il est naturellement préférable que la peau en général soit noire en tout point, en particulier au niveau des paupières.

Structure du poil

Le poil du chien est formé d'une substance protéique appelée kératine. Chaque poil est ancré dans la peau par l'intermédiaire d'un bulbe interne. La robe double comme celle du Westie est constituée d'un poil de couverture, celui qui se voit extérieurement, et d'un sous-poil constitué de poils plus courts non visibles si l'on ne soulève pas le poil de couverture.
Chaque poil de couverture est entouré à sa base par de nombreux petits poils courts et laineux qui forment le sous-poil.
La densité du sous-poil confère du volume à la robe, isole et imperméabilise la peau ; sous la peau, les racines des poils sont nourries par les glandes sébacées.
Les glandes sébacées confèrent une légère onctuosité au sous-poil qui imperméabilise la peau.
Le poil de couverture des Westies est dur et droit.
Ce type de poil est sujet à des mues qui s'accélèrent périodiquement. Normalement, l'accélération se fait durant les mois chauds et le ralentissement de la mue pendant les mois d'hiver. Les mues correspondent au moment de l'expulsion du poil vieux ou mort. Le cycle de croissance du poil connaît une première phase durant laquelle le poil croît en longueur, une phase intermédiaire durant laquelle le poil est maintenu dans le follicule sans croître, et une troisième phase lors de laquelle le nouveau poil pousse le vieux vers l'extérieur.
Le nouveau poil naît dans le même bulbe, raison pour laquelle il pousse le vieux lorsqu'il croît.
La couleur du poil est déterminée par des granules de mélanine présents dans le poil même. Par conséquent, elle est indépendante de la couleur de la peau.
Chez les Westies, le poil est blanc tandis que la peau et les muqueuses sont foncées.

Si le chien vit dehors, son poil tendra à se développer.

Le Westie étant un petit chien, il n'est pas forcément simple de se mettre à sa hauteur pour s'occuper de son toilettage.

Principes généraux

Des conditions de santé optimales sont indispensables pour obtenir des sujets en parfaite forme, avec un poil de bonne qualité.
Par conséquent, il faut avant tout que le chien ait une diète équilibrée et personnalisée s'il souffre d'allergies alimentaires. Il faut qu'il digère bien et évacue bien.
Vous devez vérifier que le chien n'est pas infesté de parasites internes (vers) ou externes (puces, tiques, poux, parasites de la gale).
Les parasitoses provoquent, directement ou indirectement (à cause des prurits et des grattements), des processus dégénératifs plus ou moins graves de la peau et du poil.

La pollution, la proximité de sources de chaleur (radiateurs), les conditions climatiques extrêmes et l'utilisation excessive de détergents (shampooing) altèrent également l'équilibre naturel de la peau et du poil.
En général, il faut savoir que le poil est une défense naturelle contre les agents atmosphériques.

Si le chien vit dehors, son poil tendra à se développer, mais s'il vit en appartement, le poil s'appauvrira.

LES INTERVENTIONS HYGIÉNIQUES ET SANITAIRES (LE *GROOMING*)

Par le terme anglais *grooming* on entend toutes les interventions hygiéniques et sanitaires pratiquées quotidiennement ou fréquemment sur un chien. Pour le West Highland White Terrier, ce sont les suivantes :

– le brossage ;
– le bain, le nettoyage du poil ;
– la pédicurie ;
– le nettoyage des oreilles ;
– le nettoyage des dents ;
– le nettoyage des yeux ;
– la destruction des parasites aussi bien sur le chien que dans le milieu environnant.

Le Westie est un petit chien. Il n'est pas possible de s'agenouiller chaque fois qu'il faut prendre soin de lui. Par conséquent, soit vous pouvez confier à un professionnel les interventions décrites ci-dessous, soit vous devez vous équiper d'une table solide et stable afin de soigner le chien sans vous briser les reins.

En ce qui concerne le brossage, il est évident que vous devrez le faire dans un endroit spécifique ou dehors. Pour ce qui touche à l'équipement (brosse,

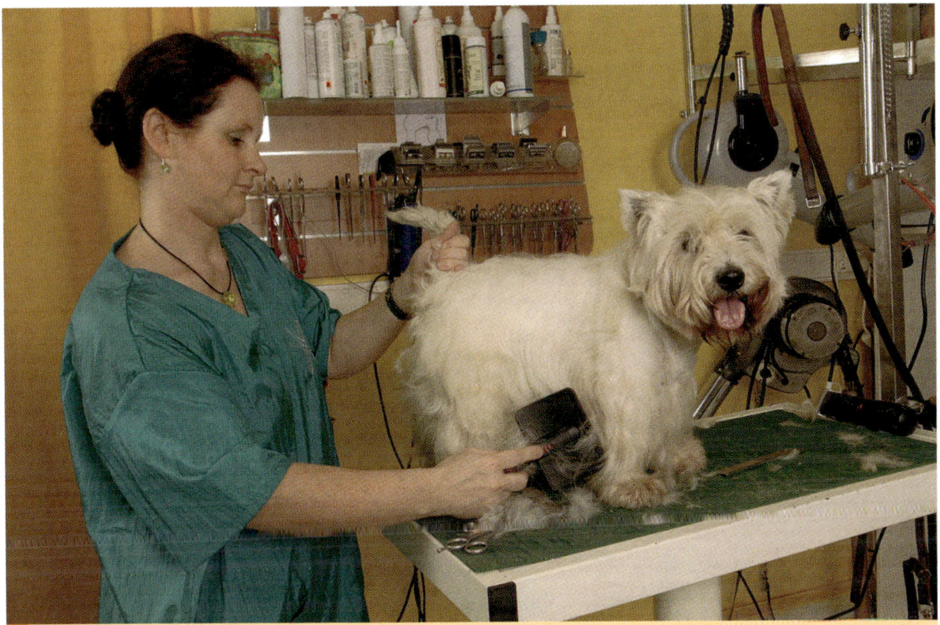

Le brossage avec un cardeur permet d'éliminer les poils morts.

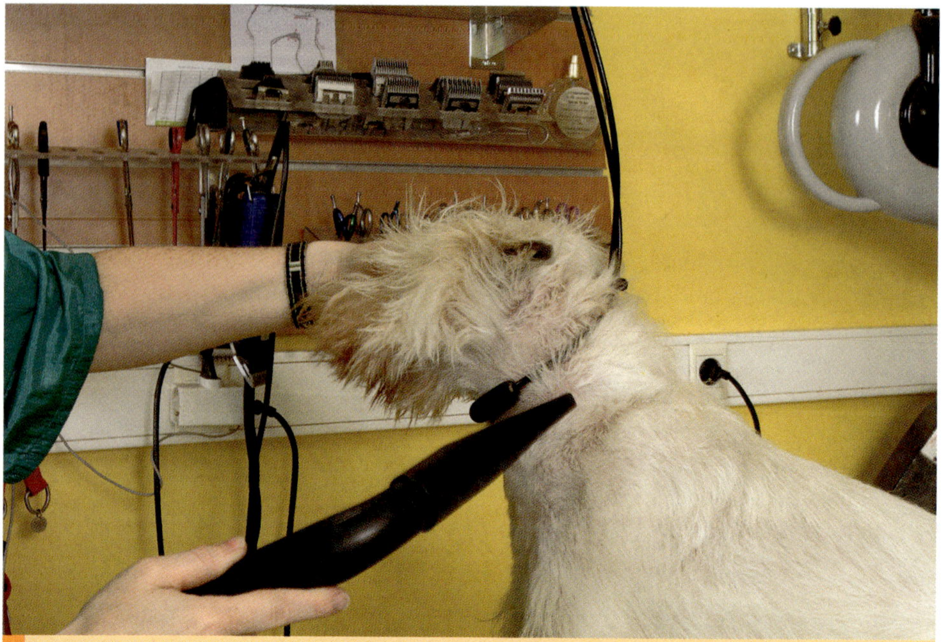

Après avoir frictionné le chien avec une serviette, on le sèche avec un sèche-cheveux.

coupe-ongles, etc.), reportez-vous aux paragraphes qui suivent.

Le brossage

Le brossage quotidien permet d'éliminer les poils morts qui se détachent tous les jours, même si le chien n'est pas en période de mue, et de favoriser la repousse du poil. En outre, on élimine aussi la poussière et la saleté.
Pour le Westie, on utilise un cardeur (brosse à manche en bois munie de dents métalliques, fines et assez longues) que l'on passe dans le sens du poil ou, là où il est plus court, à contre-poil. Il faut l'étriller avec énergie. Ce faisant, on effectue un massage épidermique qui favorise la circulation sanguine et la croissance du poil. Le chien se soumet volontiers au brossage.

Le bain et le nettoyage du poil

En théorie, il ne faudrait jamais donner de bain au Westie.
Le bain et l'utilisation de détergents (shampooing) altèrent l'équilibre naturel du poil et de la peau en les dégraissant. Il faut donc le faire le moins souvent possible ou seulement dans les

cas extrêmes, une ou deux fois par an, et jamais avant le *stripping*.
Les bains fréquents tendent à transformer le poil dur en poil mou, à dégraisser le sous-poil et à provoquer des mues artificielles.
La réaction naturelle du chien au bain sera de rétablir rapidement les conditions d'origine. Par conséquent, chez le chien lavé trop souvent, on notera une hypersécrétion des glandes sébacées accompagnée de mauvaises odeurs et de plus de saleté, étant donné que la saleté adhère plus facilement à un poil gras.
Dans tous les cas, si vous lavez votre chien, la température de l'eau ne doit pas excéder 39 °C.
Le shampooing, s'il n'y a pas d'exigences particulières, doit cependant être neutre et délicat. Le chien peut être lavé à l'air libre pendant la belle saison. Après le bain, il se séchera tout seul en se secouant et en courant. Si vous le lavez dans la baignoire, il faut mettre un tapis en caoutchouc sur le fond afin que le chien ne glisse pas. Utilisez la douche, en gardant toujours l'eau à la même température ou, mieux encore, remplissez un seau et versez l'eau sur le corps du chien à l'aide d'un verre. Si vous utilisez un shampooing traitant (antiparasite, par exemple), attendez quelques minutes avant de rincer afin qu'il agisse de manière efficace.
Vous pouvez mettre deux morceaux de coton hydrophile dans les oreilles du chien afin que l'eau ne pénètre pas dans le conduit auriculaire, non pas parce que c'est dangereux, mais pour que le chien ne se secoue pas pendant le bain. Vous pouvez aussi protéger les yeux avec une pommade ou des gouttes ophtalmiques non médicamenteuses.
Après le rinçage il est nécessaire d'essuyer le chien en le tamponnant et en le frictionnant avec une serviette puis avec un sèche-cheveux, en ayant soin de ne pas brûler l'animal.
Le Westie peut aussi être lavé à sec une fois par semaine, sans que cela ne nuise à l'équilibre du poil. On utilise pour cela un mélange de carbonate de calcium et d'acide borique que l'on fait pénétrer dans le poil avec une brosse de soie. L'acide borique a un pouvoir absorbant (il absorbe l'humidité) et le magnésium est antiacide (il décolore). Ce système ne nuit pas à la santé et à la texture du poil et donne dans le même temps une belle couleur blanc pur à la robe.
Les franges, la barbe et les moustaches doivent être lavées avec une éponge humide dès que le chien a fini de manger. Deux ou trois fois par semaine, il faut les enduire d'une crème pour favoriser leur croissance.
Pour résumer, le Westie doit être brossé quotidiennement et être lavé à sec, sans eau ni détergents.

LA PÉDICURIE

Elle consiste principalement en une opération assez délicate : la coupe des ongles. Si le chien ne fait pas

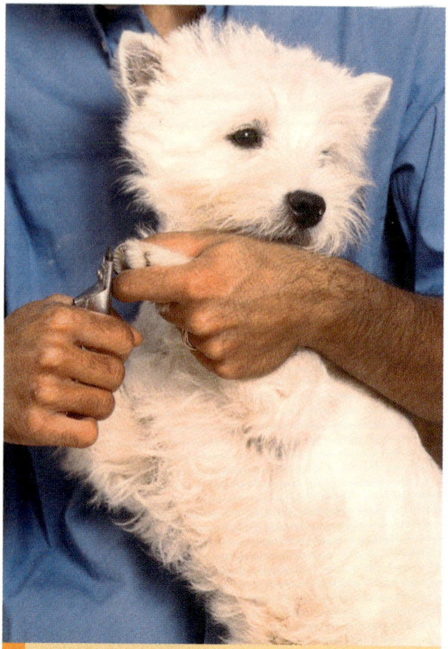

La coupe des ongles est une opération délicate. (© Gauzargues/Cogis)

d'exercice sur des sols rugueux, ses ongles poussent et doivent donc être coupés. Le chien tend naturellement à toucher le sol avec ses ongles. Si l'ongle est court, les phalanges peuvent s'arquer et le pied prend ainsi la forme ronde requise par le standard. Au contraire, si l'ongle est trop long, les phalanges ne peuvent pas s'arquer et le pied paraît alors plus plat et plus allongé. Il ne s'agit pas seulement d'obtenir un pied typique ; cela concerne aussi la santé du pied, une région anatomique très importante. Il est conseillé de couper les ongles tous les dix jours environ. À l'intérieur de chaque ongle se trouve une veine qui tend à s'allonger avec l'ongle. Lorsque l'on coupe l'ongle, il faut faire attention à ne pas couper la veine. Il est difficile de voir où commence la veine et il n'est pas rare de provoquer une petite hémorragie lorsqu'on coupe les ongles. Si l'on coupe les ongles fréquemment, la veine aussi recule, mais il ne faut alors couper qu'un tout petit morceau d'ongle.
Si vous avez coupé la veine, il faut appliquer une gaze hémostatique sur la plaie et presser pendant quelques minutes. Dans ce cas, le problème n'est pas tant la blessure que le traumatisme psychologique subi par le chien. Sa confiance en vous diminue et il refusera de se faire manipuler à la prochaine occasion.
Outre la coupe des ongles, il faut vérifier régulièrement les espaces entre les doigts : ils doivent être propres, pas enflammés et exempts de parasites. À l'aide d'une paire de ciseaux, vous pouvez couper les touffes de poils qui poussent entre les doigts sur la plante des pieds, de façon à bien délimiter les pieds et à les faire paraître plus petits et privés de frange. Certains éleveurs de Westies amputent, à la naissance, le cinquième doigt ou éperon des pieds antérieurs. Sur les pieds postérieurs, l'éperon est rare. Si votre chien a des éperons antérieurs, faites attention de ne pas les endommager lorsque vous brossez le chien.
Il est nécessaire de couper l'ongle de ce cinquième doigt pour éviter qu'il ne s'incarne. L'inconvénient est assez fré-

quent et douloureux pour l'animal. Malheureusement, il ne dépend pas seulement de la longueur de l'ongle, mais aussi de la nature vulnérable de cette phalange que l'évolution des canidés a rendu inutile.

Le nettoyage des oreilles

Les oreilles doivent être nettoyées chaque semaine avec des produits adaptés, en vente dans le commerce. Il faut en verser quelques gouttes dans le canal auriculaire, masser la base de l'oreille quelques secondes afin que le produit pénètre en profondeur. Pour nettoyer l'intérieur du canal auriculaire, vous pouvez utiliser des Coton-tige, en faisant toutefois très attention de ne pas aller trop en profondeur pour ne pas léser le tympan. Le Westie contracte rarement des otites, mais le nettoyage des oreilles est utile pour prévenir les infections et les infestations de parasites.

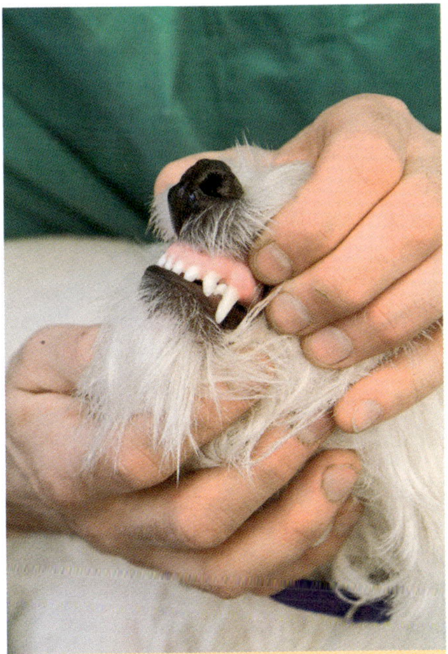

Le détartrage des dents est une opération délicate qu'il est préférable de confier au vétérinaire.
(© C.Thiriet/Bios)

Le nettoyage des dents

Dans la nature, les chiens se nettoient les dents grâce à l'action mécanique de la mastication sur des aliments durs, en particulier les os.

Nos chiens étant souvent nourris avec des aliments mous, les dents et les gencives ne travaillent pas assez, se salissent et se détériorent à cause du tartre qui s'accumule à la base des dents.

Il faut éviter de donner des aliments à mastiquer aux chiens dotés de barbe et de moustaches car ils risquent de se couper les poils longs en rongeant. Si votre chien ne participe à aucune exposition, vous pouvez lui donner de temps en temps un os ou du pain dur (seulement des os ronds comme la tête du fémur) afin qu'il se nettoie et se renforce les dents. Dans le cas contraire, vous devez lui nettoyer les dents. C'est une intervention complexe qu'il est préférable de laisser aux soins d'un professionnel ou du vétérinaire. On utilise pour cela un instrument odontotechnique, appelé *scaler*, qui permet de déloger le tartre. Si vous n'avez pas l'habitude de ce genre d'opération, vous risquez de faire saigner les gencives de l'animal.

Le nettoyage des yeux

Les yeux des Westies ne présentent généralement aucun problème. Si le chien ne digère pas bien, il arrive que ses yeux pleurent. Il suffit alors de les lui essuyer avec un morceau de coton hydrophile. Chez les chiens à poil blanc comme le Westie, les larmes au niveau de l'angle interne des yeux jaunissent la zone environnante.
Dans ce cas, il faut nettoyer la zone avec de l'acide borique en poudre appliqué avec une brosse à dents sur la partie jaune. Si le problème persiste, il faut consulter un vétérinaire ou un diététicien afin de découvrir la cause de ce larmoiement excessif.

L'élimination des parasites sur l'animal et dans le milieu environnant

Je ne me réfère pas ici aux parasites internes, ou vers intestinaux, mais aux parasites externes. Il s'agit de petits animaux résistants et, malheureusement, très prolifiques. Les plus communs sont les puces, les tiques, les poux et les parasites de la gale.
Les parasites peuvent, dans les cas graves, provoquer des dermatites, des réactions allergiques, des inflammations des follicules, des prurits et une chute de poils. On les combat avec des produits spécifiques sous forme de poudre, d'aérosol ou de bain médicamenteux (shampooing antiparasite).
Il est très important d'éliminer les parasites sur les chiens, mais aussi dans le milieu où ils vivent, en particulier dans les endroits où ils se reposent.
À telle fin, vous pouvez utiliser un vaporisateur contenant un produit spécifique dilué dans de l'eau pour décontaminer les niches, les paniers, les cages et, à la maison, la moquette, les tapis, les paillassons, etc.
Pour plus de sécurité, il faut répéter l'opération tous les sept jours. Il s'agit en effet d'éliminer non seulement les parasites adultes, mais surtout leurs œufs qui se développent parfois longtemps après avoir été pondus.
Dans un but préventif, il est conseillé de pratiquer une désinfection périodique et d'utiliser des colliers antiparasites qui sont efficaces, mais toxiques et donc à éviter si vous avez des chiots ou des enfants à la maison.

Le soin du poil

Le *trimming* va au-delà du simple *grooming* (brossage, interventions hygiéniques et sanitaires). Il se réfère à la qualité esthétique, au coiffage, c'est-à-dire à la forme que l'on donne à la robe.
Le *stripping* et le *plucking* (épilation) sont des opérations par lesquelles on arrache le poil en anticipant artificiel-

lement la chute naturelle des poils morts et faibles. Avec le stripping, on allège la robe et on fait pousser un poil plus dur, plus sain, plus fermé, compact et adhérant à la peau.

Chaque région du corps requiert un coiffage particulier.

1. La tête nécessite un coiffage particulier car elle doit apparaître comme une sphère blanche. On procède en utilisant seulement les doigts, en arrachant les poils qui dépassent de cette silhouette sphérique imaginaire. Les poils doivent rester longs ou assez longs, mais pas trop sinon ils se plient et retombent. Ils sont droits et hirsutes en forme de chrysanthème. Les franges sur tout le corps, et en particulier celles du bas, doivent aussi être effilées par plucking, en éliminant les poils les plus longs.
2. La partie supérieure du cou, le tronc, les flancs, la queue et les fesses sont étrillés avec un couteau approprié. On prend une touffe de poils avec le couteau de stripping, on maintient le sommet de la touffe entre le pouce et le couteau, on donne un coup sec dans le sens du poil, tout en tendant la peau au-dessus de la touffe avec l'autre main. De touffe en touffe, on coiffe ainsi toute la région.

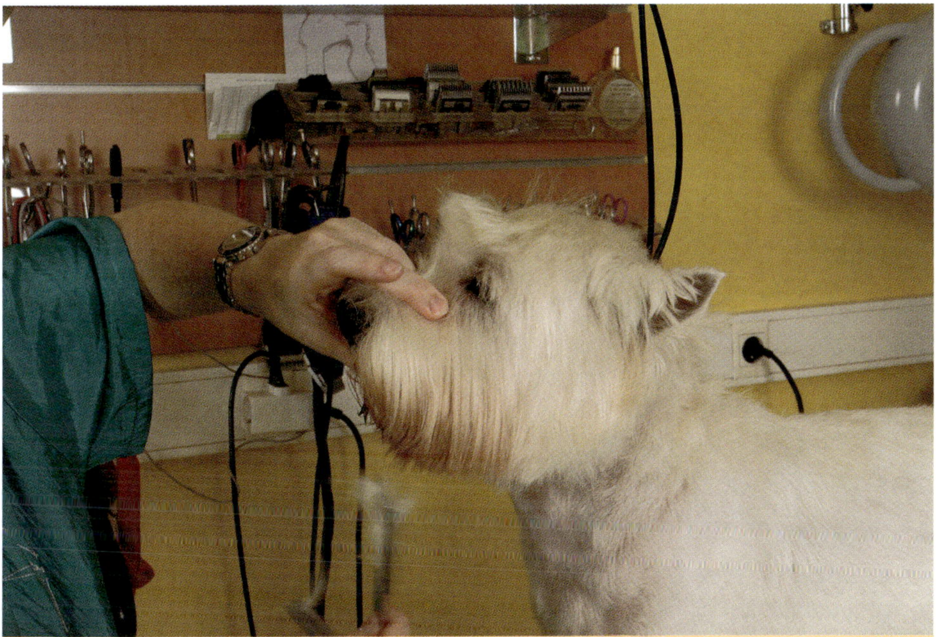

Le soin du poil implique d'anticiper la chute naturelle des poils morts et faibles.

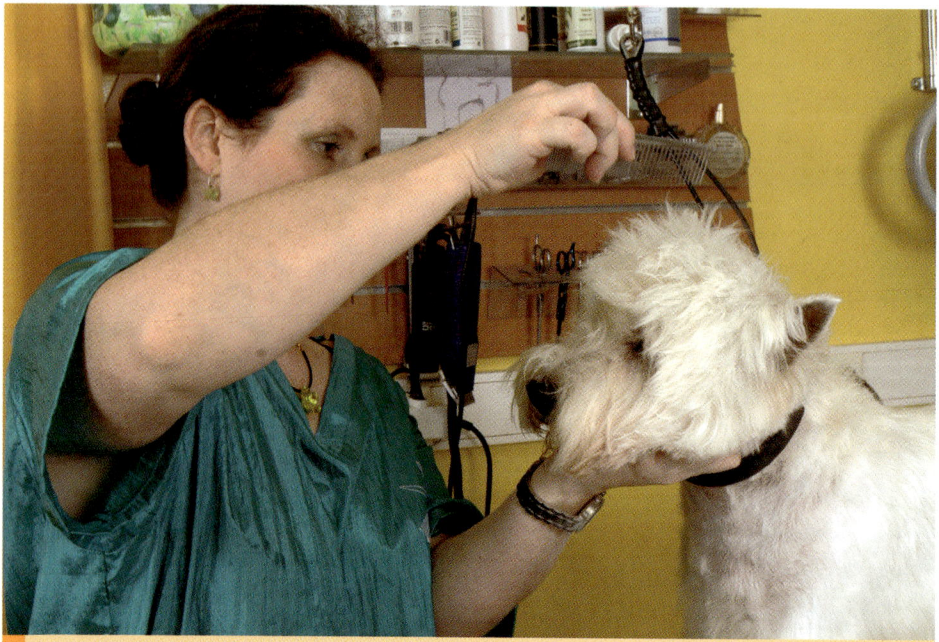

La tête du Westie nécessite un coiffage particulier.

3. La partie inférieure du cou et l'avant-main sont aussi étrillées pour obtenir un poil très court. Toutes les opérations de stripping au couteau ou à la main doivent être précédées d'un coup de brosse et de peigne pour éliminer l'excès de sous-poil. Ce ne sont pas des opérations douloureuses si on les exécute dans les règles de l'art.
4. La région anale et la pointe des oreilles sont généralement rasées à la machine.
5. Les poils sur la plante des pieds et leur contour sont taillés aux ciseaux.

L'ordre d'exécution des interventions de coiffage est le suivant :

- brossage ;
- délimitation de la silhouette (à la main) du chien, des franges et des poils les plus longs sur le périmètre du chien ;
- stripping des zones devant subir cette opération ;
- amalgame (*blending*) : il s'agit d'une intervention difficile. Il faut raccorder des zones de poils de différentes longueurs pour conférer au Westie un aspect naturel et harmonieux, comme s'il n'avait pas été toiletté.

Toutes ces opérations doivent être répétées régulièrement.

Si l'on s'occupe fréquemment de la robe du chien, il n'est pas nécessaire

Habituer le chiot au grooming est essentiel pour qu'il se laisse ensuite manipuler.

d'en arriver à un stripping excessif. Dans le cas contraire, il faut pratiquer un stripping radical tous les six mois. Ensuite, il faut attendre six à huit semaines avant que le poil reprenne son aspect naturel.
Pendant ce mois et demi, il faut suivre la croissance du poil en le brossant, et éventuellement en éliminant le duvet avec le couteau de stripping sur certaines zones et en pratiquant de légères corrections par stripping et plucking.
Le chiot peut subir le stripping à partir de l'âge de 6 mois, mais on peut intervenir sur la tête dès l'âge de 2 à 4 mois.
Habituer le chiot au grooming est très utile pour qu'il se laisse ensuite manipuler sans s'effrayer. Avec le coiffage, on cherche à valoriser une ou plusieurs qualités naturelles et on donne à la robe un aspect le plus proche possible du standard. La tonte à la machine, au rasoir ou aux ciseaux ruine la robe. Le poil s'adoucit, pousse moins vite, perd de sa brillance et sa couleur s'altère. Le poil mort soumis au rasage reste dans les follicules, son expulsion par le nouveau poil est ralentie et les follicules risquent de s'enflammer.
La tonte à la machine est souvent exécutée sur des Westies de compagnie dans les magasins de chiens. Pour les sujets d'exposition et pour les propriétaires qui veulent un Westie typique pour ce qui touche à la robe, la tonte à la machine et les interventions aux ciseaux sont à éviter.

L'alimentation

par le professeur L. Guidobono Cavalchini et le Docteur C. Cristofalo

Les chiens sont des animaux carnivores, mais la fréquentation de l'homme les a amenés à consommer des produits d'origines non animales. Ils ont besoin d'un régime nourrissant, qui varie selon la race, l'âge, l'état physiologique (croissance, reproduction, lactation) et en fonction du climat.

Principes généraux

Comme tous les animaux, le chien a besoin d'une alimentation correcte. La mastication est limitée chez le chien et la déglutition rapide. Les aliments, surtout solides, restent longtemps dans l'estomac (trois à douze heures) puis se transforment en bouillie avant de passer dans l'intestin où se fait l'assimilation. Le sang conduit les substances nutritives vers toutes les parties de l'organisme qui en ont besoin. L'appareil digestif du chien permet l'assimilation de repas abondants et un intervalle prolongé entre chaque repas, car l'estomac se vide lentement. Une alimentation en morceaux plutôt qu'hachée est préférable.

Pour obtenir les meilleurs résultats, on doit alimenter les chiens de façon à leur fournir les quantités nécessaires de protéines, hydrates de carbone, graisses, vitamines et minéraux : le régime doit être équilibré entre ces divers éléments. Une alimentation excellente est indispensable pour maintenir le chien en bonne santé, ni trop gros, ni trop maigre et doté d'une belle fourrure. C'est encore plus important dans la phase de croissance du chiot, qui réclame une attention encore plus grande. Il faut donc connaître la signification biologique des différents principes nutritifs et les sources d'apport.

Fréquence journalière des repas

mois	1-3	4-7	8-18	18
repas	4	3	2	1

Les femelles, durant le deuxième mois de gestation et la lactation, feront deux ou trois repas.

L'ÉNERGIE

Même pendant les moments de repos, le corps a besoin d'énergie. Les principes nutritifs sont amenés dans les différentes cellules de l'organisme où ils sont transformés en énergie grâce à l'oxygène.

C'est pendant ce processus de transformation que la chaleur, qui maintiendra la température du chien, est produite. Plus l'activité du chien est élevée, plus l'apport en énergie de l'alimentation doit être élevé. Les chiots exigent trois fois plus que les adultes. La valeur énergétique d'un aliment est exprimée en énergie métabolisable (EM). Elle est mesurée en kilocalories (Kcal) ou en Kilojoules (Kj). Les graisses fournissent un apport énergétique qui est le double de celui des sucres et des protéines.

Un excès d'énergie est en général emmagasiné dans le corps sous forme de dépôt graisseux. Il est donc utile de peser son chien régulièrement en notant le poids.

LES PRINCIPES ALIMENTAIRES

LES SUCRES (HYDRATES DE CARBONE OU GLUCIDES)

Ce sont des sources d'énergie nécessaires au travail musculaire et aux diverses activités du corps. Certains ont une structure simple (fructose, lactose, etc.). D'autres, comme l'amidon, ont des structures plus complexes. Chez l'adulte comme chez le chiot, l'excès de saccharose n'est pas toujours bien toléré et peut provoquer des diarrhées car l'intestin du chien sécrète peu d'invertine (enzyme qui l'assimile). De même, le chien adulte digère mal le lait par manque de lactase.

L'*amidon* est l'hydrate de carbone le plus important. On le trouve en abondance dans les céréales telles que le blé (pain), le maïs, le riz, etc. L'amidon doit être bien cuit pour pouvoir être digéré par le chien.

Le chien ne digère pas les fibres comme la cellulose, contenues dans

LE CHIEN TROP GRAS

Pour voir si le chien est trop gras, il faut :

- observer les dépôts de graisse sur le garrot, la croupe et les côtes ;
- le peser régulièrement et noter son poids.

Et pour faire perdre du poids à un chien trop gras, il faut :

- abolir sévèrement tout « goûter » ou restes de cuisine ;
- résister au regard suppliant ;
- l'alimenter avec un régime hypoénergétique, mais équilibré en protéines, vitamines et minéraux ;
- lui donner des repas assez liquides et avec une bonne quantité de fibres ;
- lui laisser un os à ronger ;
- s'assurer que ce n'est pas d'origine pathologique (mauvais fonctionnement hormonal) ;
- lui faire faire de l'exercice.

Même au repos, le corps a besoin d'énergie.

les végétaux. Plus la teneur du régime en contient, plus sa valeur calorique est basse. Toutefois, elles peuvent être utiles en petites quantités, surtout chez les sujets âgés ou sédentaires pour les empêcher de grossir et pour maintenir un bon transit intestinal.

Les graisses (ou lipides)

Elles sont essentielles à l'organisme car elles entrent dans la composition des cellules. Elles fournissent son énergie au corps et donc sa chaleur. Celles qui sont présentes en dépôts dans l'organisme (graisse sous-cutanée ou intramusculaire) ont un rôle de réserve énergétique dans laquelle l'organisme puise quand l'apport est insuffisant.

Une alimentation équilibrée favorisera chez votre chien une bonne santé et un poil brillant.

Le chiot a particulièrement besoin de protéines pour son développement physique.

Elles constituent également une bonne isolation thermique. Certains lipides sont présents dans les cellules (phospholipides, glycolipides) ou fonctionnent comme des régulateurs biologiques (cholestérol, acide biliaire, etc.). On les trouve dans tous les aliments. On peut distinguer les graisses végétales et les graisses animales (saindoux, lard). Leur présence dans le régime est indispensable.

Les protéines

Elles servent à la construction de l'organisme et à former de nouvelles cellules. Elles ont donc un rôle essentiel pour la formation, le maintien et la réparation des muscles, des os et des organes internes. Le chiot en a particulièrement besoin.
Elles peuvent être d'origine animale, comme celles présentes dans la viande, le lait, le poisson et les œufs ; ou d'origine végétale comme celles du soja, des petits pois ou des haricots, etc.
La valeur biologique des protéines et leur utilisation dépend des rapports entre les différents *acides aminés*. On ne peut emmagasiner les acides aminés, c'est pourquoi ceux-ci doivent être fournis par la ration quotidienne de protéines.

Les sels minéraux

On distingue les *macro-éléments*, présents en grande quantité dans l'organisme (calcium, phosphore, sodium, potassium, magnésium), et les *oligo-éléments* qui n'existent que sous forme de traces (fer, zinc, manganèse, iode, cobalt, cuivre).
Ce sont des constituants essentiels de l'organisme et ils jouent un rôle dans l'équilibre acido-basique des liquides du corps, dans la contraction musculaire, la transmission nerveuse ou encore la constitution de certains enzymes et de certaines hormones. Ils interviennent dans la formation du squelette et sont donc très importants pour la croissance de l'animal.
On les trouve dans le lait, le fromage, le poisson, la viande et dans beaucoup de végétaux. Il est indispensable de les intégrer au régime alimentaire du chien et de maintenir un bon rapport entre certains d'entre eux comme le calcium et le phosphore ou bien le fer et le cuivre, etc.

Les vitamines

On distingue les vitamines *liposolubles* (A, D, E, K) et les vitamines *hydrosolubles* (B1, B2, acide pantothénique, acide nicotinique, B6, acide folique, H, B12, choline, C). Elles agissent en quantité infinitésimales mais interviennent dans de nombreux processus organiques essentiels. Les carences en vitamines peuvent entraîner de graves déséquilibres. Cependant, la présence excessive de certaines vitamines peut aussi provoquer de sérieux problèmes. Elles sont produites par des organismes

Rien de tel que l'exercice pour faire perdre du poids à son chien.

végétaux et sont contenues dans le foie, les œufs, le germe des céréales, la levure, les huiles végétales et animales. Elles peuvent facilement être détruites par la chaleur et la lumière. Il faut donc les incorporer à la ration seulement lorsqu'elle est tiède. Elles sont souvent contenues dans les aliments préparés (lire l'étiquette des boîtes) : il faut y faire attention car l'accumulation de vitamines peut être dangereuse.

LA VIANDE CUITE

La viande est mieux digérée crue. Mais si elle n'est pas fraîche ou de bonne qualité, il vaut mieux la faire bouillir. De toute façon, il ne faut pas la faire cuire longtemps. La viande de porc doit toujours être cuite pour éviter les infections (maladie d'Aujezsky et trichinose).

LES ALIMENTS

VIANDE

De bœuf, de poulet, de dinde ou autre. On peut l'administrer crue ou ébouillantée, selon sa qualité. La viande de

Le poisson est davantage apprécié cuit que cru.

porc doit toujours être cuite. Le contenu énergétique et protidique varie selon la quantité d'os et de gras présente. Plus elle contient de muscles et plus elle est digestible, avec une valeur biologique importante. À l'inverse, ces qualités diminuent lorsque la viande est pleine de tendons et de cartilage. Les chiens peuvent digérer la viande en cours de putréfaction grâce à leur taux élevé de sucs gastriques.

Abats

Ils sont constitués de viscères comme le cœur, le foie, les tripes, la rate, etc. Les chiens en sont friands, mais leur apport protéique est inférieur à celui du muscle.
Il vaut mieux les administrer légèrement cuits.

Poisson

Il est plus apprécié cuit. C'est une bonne source de protéines et sa valeur biologique est importante. De plus, il se digère facilement. Il est riche en sels minéraux et en vitamines. On le conseille pendant la croissance. On peut recourir au poisson séché, surtout en hiver.

Œufs

Ce sont de très bons aliments, riches en protéines, en graisses et en vitamines. Ils sont particulièrement indiqués pour les chiots, les reproducteurs et durant la lactation.
Ils peuvent remplacer partiellement la viande et le poisson. Ils peuvent être donnés crus.

Lait

C'est un bon aliment, qui apporte des protéines à forte valeur biologique, des graisses, des vitamines et des sels minéraux.
C'est l'aliment principal du chiot. Certains sujets adultes ne le digèrent pas bien.

Le lait est l'aliment principal du chiot.

Lard, graisses, huiles végétales

Excellentes sources caloriques, les chiens en sont friands et ont tendance à en consommer plus que le nécessaire. Les graisses sont particulièrement utiles aux chiens qui travaillent et font des efforts physiques. Elles sont indispensables en petites quantités. On conseille d'ajouter un peu d'huile d'olive à la ration.

Les os

Les chiens, c'est bien connu, apprécient les os, en particulier ceux qu'ils peuvent ronger. Il faut cependant être vigilant car les os peuvent provoquer, surtout chez les sujets les plus vieux et sédentaires, la constipation et l'occlusion intestinale. En outre, les pointes d'os peuvent perforer l'intestin : il faut donc éviter les os de poulet et de lapin.

Riz et pâtes

Riches en amidon, ce sont les principales sources d'énergie. Pour être digérés, ils doivent être bien cuits.

Pain

Bonne source énergétique. Le chien l'apprécie, mais il doit être bien sec et laissé à l'air. Moisi, il peut être nocif.

Flocons de céréales et riz soufflé

Bonne source énergétique, ils peuvent remplacer le riz, les pâtes, le pain. Ils doivent être traités pour être digérés par le chien. Ce sont des aliments volumineux : dans la ration, il faut tenir compte de leur poids et non de leur volume.

Fruits et légumes

Leur apport nutritif est faible, mais leur contenu en fibres est intéressant pour les chiens sédentaires qui tendent à l'obésité et sont constipés. On peut les remplacer par quelques cuillères de son.

Eau

Le chien doit toujours en avoir à sa disposition.

Les aliments tout prêts

Il existe une grande variété de produits, mais il est important d'en connaître les différences pour les utiliser du mieux possible.

Un chien doit toujours avoir de l'eau à sa disposition.

Les gâteaux et le chocolat

Les chiens sont gourmands et il est difficile de manger du chocolat sans leur en faire goûter.
Il ne faut cependant pas qu'ils en abusent car ils ne le digèrent pas très bien.
Il existe des biscuits substituts dans le commerce dont il ne faut pas abuser non plus.

Une lecture soigneuse de l'étiquette peut donner des indications utiles.
On peut distinguer trois types d'aliments tout prêts.

Les aliments simples

Il s'agit de différents produits d'origine animale ou végétale (du riz soufflé par exemple).

Mendier à table

C'est une très mauvaise habitude due au « bon cœur » du maître qui, de temps en temps, donne quelque friandise à son chien. Ne donnez jamais à manger au chien lorsque vous êtes à table ou lorsque vous préparez les repas. Faites-le manger avant vous et, si cela s'avère nécessaire, faites-le sortir de la pièce où vous prenez vos repas.

Aussi attendrissant soit-il, ne cédez jamais lorsque votre chien mendie de la nourriture.

Les aliments complets

Ils sont composés de plusieurs produits en mesure de satisfaire les exigences alimentaires du chien sans ajouter d'autres aliments.

Les aliments complémentaires

Ils contiennent principalement une substance (par exemple des protéines ou des sels minéraux) mais ils doivent être associés à d'autres aliments.
La qualité des aliments tout prêts dépend des matières premières employées, de leur formulation, du

ATTENTION AUX EXCÈS NUTRITIFS

Il existe dans le commerce divers produits étudiés pour être appréciés par les chiens. Il faut cependant éviter les excès qui ont des répercussions néfastes sur la santé. Il ne faut pas administrer trop de protéines, trop de graisses, trop de vitamines. Il faut également faire attention aux accumulations entre les substances contenues dans les divers aliments, en particulier les vitamines et les sels minéraux. Apprenez à lire les étiquettes sur les boîtes.

traitement technologique subi et de leur présentation (flocons, boulettes, granulés, biscuits, etc.). Il faut être attentif à leur conservation : sur l'étiquette, la date de fabrication et l'échéance de consommation sont indiquées. La composition doit être indiquée par ordre décroissant de quantité ou en pourcentage sur le contenu. Les données qui informent des principes nutritifs présents doivent être reportées (teneur en eau, en protéines, en graisses, etc.). On trouve également le pourcentage de vitamines et de sels minéraux par kilo.
Les aliments tout prêts permettent d'établir des rations en fonction des besoins réels du chien, en donnant les quantités voulues de vitamines et de sels minéraux, ce qui n'est pas toujours le cas quand on prépare soi-même la ration.

Un aliment tout prêt composé pour chien adulte doit avoir les pourcentages suivants :
- humidité maximale : 13 % ;
- protides : 22-25 % ;
- lipides : 4-8 %.

COMMENT ALIMENTER LE CHIOT ?

Vers le vingt-cinquième jour, on peut commencer à lui donner, en plus du lait maternel, un repas constitué de lait et d'un jaune d'œuf pour 100 ml de

Les rations de nourriture varient selon l'activité du chien.

- De l'eau fraîche doit toujours être disponible.
- Ne pas laisser traîner d'aliments avariés

lait. Après 30 jours, le sevrage commence, avec une alimentation plus sèche. Un sevrage précoce épargne la mère et il est utile surtout en cas de portée nombreuse. Les chiots sont séparés plus longtemps de la mère et, entre 45 et 55 jours, ils doivent être complètement sevrés et nourris artificiellement.

Au début du sevrage, on ajoute au lait de vache un peu de viande hachée. On passe ensuite à une alimentation plus sèche constituée de :

– viande et/ou poisson de bonne qualité ;
– riz bien cuit et/ou flocons de céréales ;
– un peu d'huile ;
– des vitamines et des sels minéraux.

Lait, viande et poisson doivent prévaloir sur les céréales. Ils constituent jusqu'à 80 % de la ration à 40 jours et

Exemples de rations

Les doses varient en fonction de l'activité du chien. Les éventuels restes de cuisine ne doivent pas s'ajouter à une alimentation équilibrée.

- Viande fraîche de bœuf, poulet ou dinde ébouillantée
- Pain sec ou biscotte
- Un peu d'huile d'olive
- Bouillon chaud
- Vitamines et sels minéraux

- Viande congelée
- Riz ou pâtes bien cuites
- Légumes mixtes
- Un peu d'huile d'olive
- Vitamines et sels minéraux

- Viande congelée
- Flocons de céréales mélangées ou riz soufflé
- Une cuillère de son
- Eau chaude

- Aliment tout prêt complet en croquettes, granulés ou cubes.
  (Administrer en suivant le mode d'emploi.)
- Aliment tout prêt en flocons à intégrer à de l'eau chaude, du bouillon ou du lait.
  (Administrer selon les instructions de l'étiquette.)

60 % à 60 jours. On augmente progressivement la quantité de céréales par rapport à la viande. Rappelons que celle-ci peut être administrée crue si elle est de bonne qualité, mais il vaut mieux l'ébouillanter.
Un des repas de la journée peut être constitué de biscottes et de lait. Durant la période de croissance, on peut donner un jaune d'œuf cru trois ou quatre fois par semaine et du fromage.
Ces aliments peuvent remplacer partiellement la viande. Il faut en tout cas s'assurer que le complément de vitamines et de sels minéraux contient les doses adéquates de calcium et de phosphore.

Bien nourrir son chien est une responsabilité importante.

Santé et hygiène

par le professeur L. Guidobono Cavalchini et le Docteur C. Cristofalo

Quand on achète un chien ou qu'on nous en offre un, qu'il soit jeune ou adulte, la première impulsion est de le câliner, de lui montrer son affection. On doit cependant se souvenir qu'on devient responsable de son état de santé. Les maladies et les dangers sanitaires sont multiples et on risque de se retrouver à l'improviste à la place du vétérinaire, sans expérience.

Le vétérinaire

Il est important d'avoir un vétérinaire auquel se référer, tout comme on a son médecin de famille.
Le vétérinaire suivra le chien en lui faisant les vaccins nécessaires et en intervenant en cas de maladie. Il doit y avoir un rapport de confiance entre le maître et le vétérinaire. En cas d'urgence, on peut faire appel à des structures spécialisées qui interviennent même la nuit.
Il existe aujourd'hui, parmi les vétérinaires, des spécialistes reconnus officiellement, qui exercent en clinique pour animaux.
Certains d'entre eux sont experts en cardiologie, en ophtalmologie, traumatologie et autres. Il est toutefois préférable que ce soit votre vétérinaire qui vous conseille le spécialiste, au cas par cas.

Savoir observer les symptômes

Vous serez évidemment celui qui passe le plus de temps avec votre ami à quatre pattes et il faut donc l'observer avec attention pendant les moments principaux de la journée comme les repas, la promenade, le jeu, le sommeil.
Il faut chercher à voir les petits changements de comportement qui mettent en évidence le malaise du chien. Le chien peut, d'une certaine manière, être considéré comme un nouveau-né qui ne peut s'exprimer qu'à travers des comportements particuliers et des vocalisations particulières. Les symptômes généraux page 125 révèlent une mauvaise condition physique.
Il est faux de croire qu'on connaît tous les symptômes de toutes les maladies du chien et de penser qu'on peut les

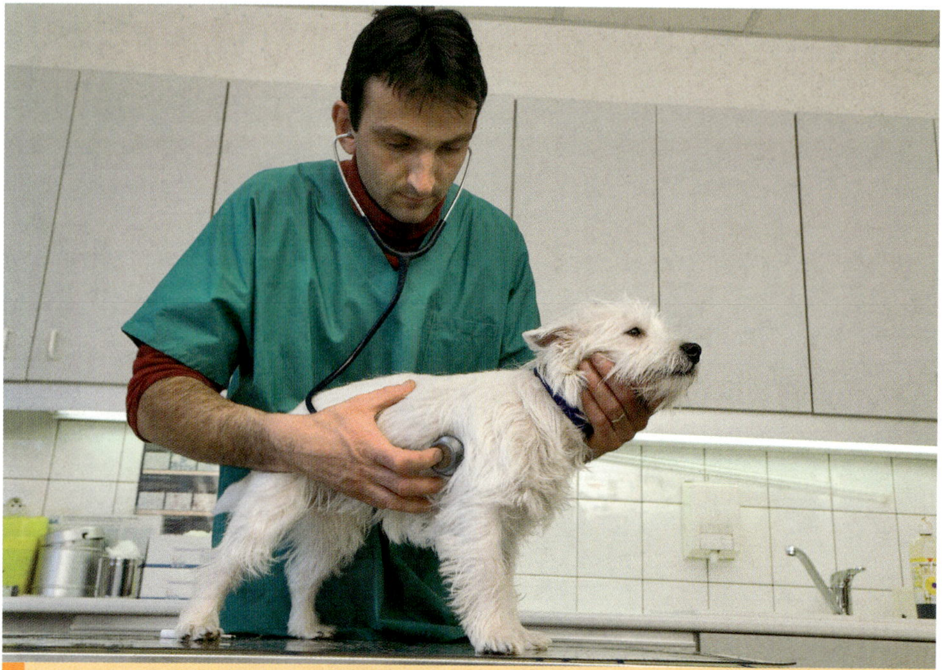

Il est important de choisir un vétérinaire à qui vous ferez confiance pour suivre régulièrement votre chien. (© C. Thiriet/Bios)

soigner seul. Il est cependant important de savoir quand la situation exige un vétérinaire. Certains symptômes sont en effet les signes d'une pathologie grave. Certaines données physiologiques de référence peuvent être utiles pour évaluer l'état de santé du chien, qui doit être observé au repos. En effet, l'effort physique ou le jeu peuvent accélérer la respiration et les pulsations cardiaques ou faire monter la température sans que cela soit pathologique.

LA SANTÉ DU CHIEN

• ***Ce qu'il faut observer***	• ***Comment il doit être***
comportement	attentif, vif, équilibré
appétit	vigoureux et présent
mouvements	coordonnés, fluides et agiles
sommeil	régulier, non excessif

Symptômes généraux de malaise

- apathie
- vomissements et/ou diarrhée persistante
- abattement
- écoulement nasal et conjonctival
- refus de jouer
- soif et/ou faim injustifiée
- manque d'appétit (anorexie)
- amaigrissement évident
- poil terne

Symptômes de maladies graves

- Respiration et battements cardiaques ralentis, accélérés, dissonants ou faibles
- Température corporelle basse (hypothermie), haute (fièvre)
- Traces de sang dans les selles
- Traces de sang dans les urines
- Vomissements hémorragiques
- Saignements de nez

Les maladies du chien

Le chien peut souffrir de maladies variées, dont la plupart sont d'origine infectieuse.

Maladies organiques

Ce sont celles qui touchent un organe spécifique ou une partie de cet organe : leur étiologie est diverse et elles n'ont pas toutes le même cours ; elles ne sont pas toujours contagieuses ; la guérison dépend directement de la gravité des symptômes.

Maladies infectieuses

Elles sont d'origine virale ou bactérienne ; elles touchent généralement plusieurs organes, elles sont contagieuses et souvent mortelles. La guérison dépend de la gravité des symptômes et des réponses immunitaires du chien. Elles peuvent être prévenues par vaccination.

Maladie de Carré

Elle frappe à tout âge. Elle a une période d'incubation de 3 à 7 jours. Le chien malade présente des sécrétions oculaires et nasales purulentes, une conjonctivite avec photophobie, une toux avec complications pulmonaires, allant jusqu'à la bronchopneumonie. On peut également

Données physiologiques de référence

paramètres	***chiot***	***adulte***
température rectale	38-39 °C	37,5-38,5 °C
fréquence des respirations (par min)[1]	20-22	14-20
pulsations cardiaques (par min)	100-130	60-120

1 Quand la température extérieure est élevée, la fréquence augmente.

Comment mesurer...

... la température ?

Beaucoup de propriétaires suspectent une température élevée en observant la truffe. Si celle-ci n'est pas humide ou fraîche, ils pensent que le chien a de la fièvre. Ce n'est pas toujours vrai.

De toute façon, il vaut mieux mesurer la température rectale en utilisant un thermomètre de vétérinaire ou de pédiatre, lubrifié d'huile ou de vaseline. Soulever la queue et introduire le thermomètre à 2-3 cm tout en tenant le chien. Attendre environ trois minutes.

... les pulsations cardiaques ?

On peut appuyer directement l'oreille sur la poitrine et percevoir les battements du cœur. On peut aussi relever les pulsations de l'artère fémorale en appliquant le pouce sur la face externe de la cuisse et l'index sur la face interne. Il faut comprimer légèrement l'artère contre le fémur et on peut ainsi percevoir le pouls.

... la fréquence des respirations ?

On observe la poitrine en calculant le nombre de respirations par minute, en évaluant également le rythme et l'ampleur.

Exemples de maladies organiques

maladie	***organe touché***	***maladie***	***organe touché***
otite	oreille	cystite	vessie
stomatite	bouche	prostatite	prostate
bronchite	bronches	myosite	muscle
endométrite	utérus	névrite	nerfs
néphrite	reins		

Principales maladies infectieuses[1]

maladie	***étiologie***	***transmission***
maladie de Carré	pseudomyxovirus et bactéries	directe et indirecte très contagieuse
hépatite virale infectieuse	adénovirus	contact direct contagieuse
herpès	herpès-virus	intra-utérine contact direct
parvovirose	parvovirus très résistant	très contagieuse
toux de chenil	adénovirus	très contagieuse
rage	rhabdovirus	contamination par morsure
leptospirose	leptospires (variés)	contamination orale

1 Il existe un vaccin contre chacune de ces maladies.

Vacciner votre chien et respecter les rappels annuels est le meilleur moyen de le préserver des maladies infectieuses.

détecter une gastro-entérite et une forte fièvre (41 °C) pendant la première phase de la maladie. Le système nerveux peut être atteint de façon irréversible (paralysie des membres postérieurs et tics nerveux). Cette maladie est souvent mortelle.

Hépatite virale ou infectieuse

Elle atteint des chiens de tout âge. La période d'incubation varie de 3 à 9 jours. Fièvre au début de la maladie. Kérato-conjonctivite et irido-cyclite. Amygdalite. Apparition de petites hémorragies abdominales. Douleurs abdominales. Opacification de la cornée après 1 à 3 semaines.

Herpès

Il est mortel chez les chiots, touchant divers organes. Les chiots peuvent être atteints de vomissements, diarrhées, trachéite et troubles nerveux. Chez l'adulte, le symptôme le plus fréquent est une laryngo-trachéo-bronchite accompagnée de rhinite. Une forme génitale peut apparaître chez les deux sexes.

Parvovirose

Gastroentérite hémorragique, vomissements, déshydratation et perte de poids, abattement, hypothermie, leucopénie. La forme cardiaque est souvent mortelle chez le chiot.

Toux de chenil

Laryngo-trachéobronchite bénigne accompagnée de toux qui se propage rapidement dans les chenils et dans les pensions où les chiens sont nombreux.

Rage

Transmise par morsure infectée d'un animal malade, elle frappe beaucoup de mammifères sauvages et domestiques. Le système nerveux est atteint, avec une paralysie progressive de l'animal. On note également des variations du comportement relativement importantes. La rage muette donne une paralysie progressive des muscles de la mandibule, des cordes vocales et d'autres muscles de la tête, avec pour conséquence une salivation abondante, l'aphonie et l'incapacité de déglutir ou de boire. Dans sa forme furieuse, le chien est agité, puis très excité. Il salive abondamment et hurle fréquemment. Il meurt d'une paralysie générale. L'homme peut être contaminé.

Leptospirose

Elle touche les chiens à tout âge et de nombreuses autres espèces, l'homme compris. Le rat et la souris sont les principales sources de contagion. Elle présente des stades de gravité variables : néphrites, conjonctivites, légères paralysies des membres postérieurs, gastrites avec vomissements, déficit cardio-vasculaire, jaunisses et, plus rarement, bronchites peuvent apparaître. L'issue de la maladie est souvent la mort.

Maladies parasitaires

Elles sont véhiculées par des organismes unicellulaires, comme les coccidies, ou plus complexes, comme les vers intestinaux. Les parasites vivent avec le chien et, dans les cas d'infection extrême, ils peuvent amener la mort de l'animal. Ils endommagent les tissus ou privent le chien d'éléments nutritifs et l'affaiblissent fortement, le rendant également plus sensible aux maladies infectieuses.
La contamination se fait en général par l'absorption de larves ou d'œufs déposés par d'autres chiens malades. Il faut donc examiner périodiquement son chien, non seulement pour son bien, mais aussi pour éviter tout risque de contamination. Certains parasites sont dangereux pour l'homme (le ténia, par exemple).
Les thérapies, qui sont reportées ci-avant, doivent être appliquées sur le parasite et l'organe touché. Il est recommandé de suivre attentivement les prescriptions du vétérinaire, car le médicament peut être nocif au chien lui-même.

Mycoses

Ce sont des pathologies engendrées par des champignons, des levures et des moisissures microscopiques. Elles sont contagieuses pour le chien et l'homme, surtout chez les enfants (teigne). Une bonne hygiène du milieu et cutanée du chien réduit les risques de contagion. Dans leur majeure partie, les cas sont guérissables. Les formes les plus communes se manifestent par l'alopécie (perte de poil).

Maladies congénitales

Elles sont déjà présentes à la naissance et sont déterminées par des causes génétiques ou des carences nutritionnelles de la mère ; les organes touchés sont variés. Elles ne sont pas contagieuses ; elles ne sont pas forcément mortelles.

Maladies héréditaires

Ces pathologies viennent de gènes particuliers présents chez les parents et transmis aux chiots. Elles peuvent se manifester à la naissance ou apparaître plus tard. Le chien pourra les transmettre à sa descendance.

Parmi les plus connues, on trouve la dysplasie de la hanche, les maladies oculaires et l'hémophilie.

Dysplasie de la hanche : c'est une malformation de la hanche qui peut amener le chien à *boiter* des membres postérieurs dans les cas les plus graves. Elle est causée par une malformation de la jointure articulaire, qui provoque la *luxation*, puis l'érosion du cartilage. Avec le temps, cette dégénérescence amène une *arthrose déformante*. L'origine génétique en est maintenant connue, mais pas le mécanisme de transmission. L'étude de l'hérédité est en fait complexe : plusieurs gènes semblent être impliqués et leur action peut être augmentée par l'environnement du chien. Le comportement récessif des gènes peut masquer la présence de la maladie

Symptômes des principales maladies parasitaires

parasites	*symptômes*	*thérapie*
cutanés	eczéma superficiel, eczéma profond, pellicules, poil terne, alopécie	poudres, bains, gouttes, sirops, etc.
intestinaux	amaigrissement, diarrhées, flatulences, vomissements, poil terne	produits variés, en compresses, gouttes ou sirops
sanguins	insuffisances cardio-vasculaires	variées et complexes
auriculaires	otites avec complications	gouttes auriculaires

chez un chien qui la transmettra cependant à ses petits chez qui elle pourra se déclarer. Certaines races y sont plus sensibles que d'autres. L'ampleur des os pelviens et leur inclinaison est probablement un facteur déterminant. La dysplasie se manifeste plus facilement chez les sujets à croissance rapide. Une radiographie de l'articulation coxo-fémorale est aujourd'hui le seul moyen reconnu pour identifier les sujets malades et ceux porteurs de légères anomalies. La radiographie doit être faite par un vétérinaire expert, avec un chien sous anesthésie pour garantir sa relaxation musculaire et donc une position dorso-ventrale correcte.

URGENCES

■ ÉTAT DE CHOC

Il existe lorsque le chien est en déséquilibre cardio-circulatoire, en présence d'une vasodilatation périphérique ou lorsqu'il y a accumulation de substances toxiques dans les tissus.

CAUSES

Forts traumatismes ; hémorragies ; réactions anaphylactiques ; pathologies cardiaques et neuro-logiques ; toxicoses et déshydratation ; électrocution.

SYMPTÔMES

Muqueuses pâles ; abattement, chute de température et tremblement musculaire ; pouls rapide ; respiration superficielle ; pertes d'urine et de selles ; vomissements ; collapsus.

QUE FAIRE ?

Garder le chien au chaud, tranquille. Consulter un vétérinaire au plus vite pour d'éventuelles transfusions de plasma, l'administration de piqûres toniques ou d'analgésiques et d'analeptiques. Le chien doit être gardé sous surveillance pendant quelques jours pour s'assurer que le choc est surpassé.

COMMENT ÉVITER
LES EMPOISONNEMENTS ACCIDENTELS

- Éviter que le chien avale du shampoing ou autres produits antiparasitaires lorsqu'il est en traitement.
- Éviter la libre circulation du chien dans des endroits qui ont été dératisés ou désinfectés récemment.
- Garder hors de portée du chien les produits chimiques (l'antigel est appétissant).
- Garder tous les médicaments, les produits toxiques et chimiques hors de sa portée.
- Ne pas placer des produits toxiques à côté des aliments.
- Ne pas laisser sa gamelle dans le jardin quand on l'arrose de produits antiparasitaires.
- Éliminer tous les animaux morts qu'on peut trouver dans le jardin.

Empoisonnements accidentels

type de poison	*symptômes*
insecticides à base de phosphore	salivation, contractions musculaires, convulsions, vomissements, diarrhées, rétrécissement de la pupille (myosis), broncho-spasme, œdème pulmonaire, cyanose
strychnine	convulsions, dyspnée (respiration irrégulière), écume à la bouche, et asphyxie par paralysie spasmodique des muscles intercostaux et du diaphragme, mort
à base de cyanure (désherbants)	étourdissements, perte des forces musculaires, respiration haletante, collapsus, mort ; l'haleine a une odeur d'amandes amères
raticides	salivation abondante, vomissements, œdème pulmonaire et dyspnée, faiblesse musculaire, pouls faible
décapants	dépression, fièvre, hémorragies multiples associées au manque de coagulation, ecchymoses sur la peau, anémie, pouls faible, dyspnée, mort
antigel (produit chimique)	pouls rapide, délire, dyspnée, vomissements, absence d'urine, déshydratation
médicaments	variables en fonction des produits

Empoisonnements

Si le chien a avalé des substances dangereuses, il faut essayer de le faire vomir, en lui administrant la moitié d'un verre d'eau additionnée d'une cuillère de sel ou en stimulant son palais et son arrière-gorge. Il ne faut pas le faire si le chien a avalé des objets coupants ou des produits acides.

Pour éviter les empoisonnements criminels, il faut apprendre au chien à refuser la nourriture offerte par des étrangers et celle qu'il trouve par terre. Pour éviter les empoisonnements accidentels, il suffit de quelques mesures de bon sens décrites ci-dessus.

Piqûres d'insectes

Les chiens se font souvent piquer à la tête par des abeilles, des guêpes, des taons, etc. Les piqûres, bien que douloureuses, ont habituellement des conséquences passagères. Il suffit de rafraîchir la piqûre avec de l'eau froide et d'administrer des antihistaminiques par voie orale. Cela peut être plus grave lorsque le chien est piqué dans

À la campagne, votre Westie peut se faire piquer par des insectes ou mordre par des vipères.

l'arrière-gorge en mangeant l'insecte. Dans ce cas, le chien risque d'étouffer. Il faut consulter un vétérinaire d'urgence et, si c'est impossible, administrer une injection d'antihistaminiques. En cas de piqûres multiples, il faut également prévenir très vite le vétérinaire, car le chien risque un choc anaphylactique.

Morsure de vipère

Le chien est souvent mordu au museau alors qu'il essaie d'attraper la vipère. Si le chien est robuste, il peut se remettre, mais il faut de toute façon appeler le vétérinaire pour lui administrer du sérum.

Coup de chaleur

Cela arrive souvent pendant les saisons chaudes, si on laisse le chien dans une voiture, fenêtres fermées par exemple. Pour garder sa température, le chien se met en général dans des endroits frais et ombragés et, s'il ne peut le faire, il augmente sa ventilation pulmonaire qui n'est cependant pas toujours suffisante. Les symptômes les plus évidents sont une allure chancelante, une augmentation de la température rectale, un épiderme chaud et sec, un pouls rapide, la dyspnée, le collapsus et la mort. Il faut chercher à faire baisser la température : plonger le chien dans l'eau froide et le garder au repos dans un endroit frais. Appeler le vétérinaire d'urgence.

Fractures

Les fractures les plus fréquentes sont en général celles des membres, de la colonne vertébrale et de la mâchoire. Elles sont souvent les conséquences de traumatismes violents comme un accident ou une chute. Elles peuvent être simples ou multiples et, dans les cas les plus graves, ouvertes (l'os ressort de la blessure). Les symptômes sont la tuméfaction, l'hémorragie, la paralysie et l'état de choc ; le chien boite et la douleur est très vive. Dans ce cas, il faut garder le chien le plus immobile possible et le rassurer. En cas de fracture des membres, essayer de les bouger le moins possible et, si l'intervention du vétérinaire est impossible immédiatement, les immobiliser avec des attelles de bois ou de carton et des bandes. Bien nettoyer et désinfecter les blessures et les recouvrir de gaze. Si le chien ne peut pas bouger, l'installer sur une couche confortable et le transporter sur une civière de vétérinaire, en faisant particulièrement attention à sa colonne vertébrale. Une visite chez le vétérinaire avec radiographie est toujours préférable, même quand la fracture n'est pas certaine car une fracture non soignée peut laisser des traces permanentes.

En période de forte chaleur, votre Westie cherchera de lui-même à se rafraîchir.

Conseils en cas d'urgence

Que faire avec un chien traumatisé ?

Le chien traumatisé, renversé par une voiture par exemple, est presque toujours effrayé et désorienté. Il est donc préférable de s'approcher doucement de lui, pour éviter de l'effrayer davantage : il pourrait alors essayer de s'enfuir. Il faut lui parler calmement et essayer de le rassurer sans chercher à l'arrêter. Si le traumatisme a été particulièrement violent, il est en état de choc et souffre de fractures et de contusions diverses. Face à une telle situation, il faut s'avancer calmement en lui parlant : le chien sera rassuré par le timbre de la voix de son maître. On doit éviter tout mouvement brusque et savoir que la douleur et la peur peuvent déclencher l'agressivité du chien et qu'on risque d'être mordu. En cas de nécessité, on peut lui mettre une muselière ou un bandeau avant de le transporter. Il faut rester calme, d'autant que si le chien perçoit la tension de son maître, il sera encore plus irrité. Il faut le transporter, avec délicatesse et le plus vite possible, chez un vétérinaire ou aux urgences.

Comment le transporter ?

Si le chien n'est pas en mesure de se lever et de marcher, il faut le soulever de la façon la moins traumatisante possible :

- les chiens petits ou de taille moyenne peuvent être pris en passant un bras sous le ventre ou la poitrine (ne pas le prendre par les pattes qui pourraient être fracturées) ;
- les chiens de taille plus grande peuvent être pris en passant un bras devant les membres antérieurs et l'autre derrière les membres postérieurs, en le tenant contre sa poitrine.

Si les membres postérieurs sont paralysés, il faut suspecter un traumatisme à la colonne vertébrale. Dans ce cas, il faut essayer de faire bouger le moins possible la colonne.

Intervenir sur une blessure

Les types de blessures qu'un chien peut se faire sont infiniment variés, mais il existe quelques règles générales à suivre.

En premier lieu, il faut stopper l'hémorragie en comprimant la zone de la blessure à l'aide d'un mouchoir ou d'un chiffon propre. Si l'hémorragie est intense, il faut la bloquer en exerçant une pression au-dessus de la coupure. On peut utiliser comme garrot une ceinture, une cordelette, une cravate qu'il faut lacer de manière à pouvoir relâcher l'étreinte toutes les dix minutes, pour laisser le sang circuler. Si la blessure est à la poitrine ou sur l'abdomen, il faut essayer de comprimer avec une serviette ou une toile pliée. On réussit en général à stopper l'hémorragie, mais quelquefois, il faut quelques points de suture.

Il faut ensuite désinfecter largement la blessure et la nettoyer de la terre et autre saletés. Attention aux morsures possibles : lui mettre une muselière avant de commencer. Sur la blessure propre, mettre une gaze provisoire qui empêche toute nouvelle souillure et faire vérifier la blessure auprès du vétérinaire. Les coupures sur les membres peuvent concerner les tendons et

les nerfs qui doivent être suturés rapidement pour éviter des séquelles permanentes.
Si la blessure est une fracture ouverte, il faut essayer de la laver avec de l'eau oxygénée et la couvrir d'une gaze avant de courir chez le vétérinaire. Les tissus abîmés sont facilement infectés et cela peut donner des maladies difficiles à guérir.

Lésions des yeux, des oreilles, du nez

Les griffes des chats ou d'autres chiens peuvent endommager gravement la cornée. Il peut y avoir des traumatismes violents, faisant jaillir le globe oculaire hors de son orbite. Il faut laver l'œil avec de l'eau oxygénée ou simplement de l'eau pure. Maintenir l'œil blessé sous un linge humide et courir chez le vétérinaire. Les lésions oculaires sont très douloureuses.
Le traumatisme le plus fréquent aux oreilles est la blessure ouverte ou l'hématome interne du pavillon auriculaire. Dans les deux cas, il faut essayer de stopper l'hémorragie, y compris en bandant l'oreille et en y appliquant de la glace.
Les hémorragies nasales sont peut-être les plus impressionnantes pour le maître. Le chien éternue pour se débarrasser du sang et laisse des traces rouges tout autour de lui.
Elles peuvent venir d'un empoisonnement ou de la présence de corps étrangers dans les sinus qui irritent le chien et le pousse à éternuer violemment. On peut chercher à arrêter le sang avec de la glace.

Brûlures

Elles sont peu fréquentes chez le chien car son instinct le pousse à éviter les feux. Cependant, elles peuvent avoir d'autres origines, comme l'eau bouillante ou des substances chimiques. Il faut avant tout laver la partie atteinte à grande eau : cela enlèvera le produit irritant et refroidira aussitôt en cas de brûlure chaude. Préparer des compresses froides pour réduire la vasodilatation.
Couvrir la brûlure et se rendre chez le vétérinaire qui contrôlera l'état de choc que peut provoquer une brûlure étendue.

Gelures

Ce n'est pas un phénomène très courant sous nos climats, mais cela peut arriver en montagne. Ce sont, en général, les membres et la pointe des oreilles qui sont touchés. Il faut emmener l'animal dans un endroit chaud et le couvrir pour faire monter la température.
Masser délicatement les endroits gelés et chercher à les réchauffer avec des linges chauds ou des bouillottes. La couleur rosée de l'épiderme indiquera la reprise de la circulation du sang.

Devenir le maître d'un chien, c'est devenir responsable de son état de santé.

■ Suffocation

Il faut intervenir très vite : ouvrir la gueule de l'animal et lui tirer la langue pour regarder l'arrière-gorge. Si on réussit à voir le corps étranger, il faut l'extraire. Pour éviter tout danger de morsure, écraser légèrement les babines sur les dents du chien qui ne refermera pas les mâchoires. Si on ne voit rien, on peut le prendre par les pattes arrières et le secouer pour faire tomber ce qu'il a dans la gorge. Si la taille du chien ne le permet pas, il faut donner des coups secs mais pas trop violents sur la poitrine : l'air expulsé peut déplacer l'objet qui obstrue la gorge.

■ Convulsions

Elles sont souvent effrayantes lorsqu'elles sont intenses. Il faut essayer de mettre le chien dans un endroit où il ne pourra pas se blesser pendant les convulsions. La crise passée, laisser l'animal tranquille dans un endroit sans bruits ni lumière jusqu'à ce qu'il se reprenne complètement. On peut le couvrir d'une couverture. Une fois la crise passée, le conduire chez le vétérinaire.

Comment lui administrer des médicaments ?

Un chien malade est déjà irritable et peu disposé à prendre des médicaments. Il faut d'abord essayer l'astuce et en dernier lieu la force. Les médicaments par voie orale peuvent être du type capsules, comprimés, etc., ou liquides. On peut essayer de mélanger les comprimés à la nourriture, en cachant le goût derrière celui d'un aliment particulièrement apprécié du chien (fromage, viande). S'il s'agit de poudre, on peut la mélanger à un morceau de viande et donner le reste de la ration après, pour vérifier que le chien l'a prise. Mais certains médicaments ne peuvent être mélangés sous peine de s'abîmer. Il faut alors ouvrir la gueule du chien et y introduire le comprimé profondément en la refermant rapidement et en tenant la tête relevée afin d'accélérer la déglutition. S'assurer que le chien a bien avalé le médicament car il pourrait le cracher une fois libéré.
Les médicaments liquides peuvent être administrés à l'aide d'une seringue

Ce qu'il faut avoir en cas d'urgence

- Désinfectants : eau oxygénée, teinture d'iode, mercurochrome
- Solution désinfectante : sérum physiologique
- Laxatif : huile de vaseline
- Antibiotique d'urgence conseillé par le vétérinaire
- Compresses de gaze, pansements, bandes de gaze
- Le numéro de téléphone du vétérinaire habituel

sans aiguille ou avec un compte-gouttes. Tenir la tête soulevée et insérer la seringue dans l'angle de la gueule. Écouler le produit lentement pour permettre la déglutition. Ne jamais l'administrer en gardant le chien la gueule ouverte : en l'empêchant de déglutir, on risque de l'étouffer.

Injections

Les injections sont sous-cutanées, intramusculaires ou intraveineuses. Le maître doit apprendre à les faire pour poursuivre le traitement ordonné par le vétérinaire, en utilisant toujours des seringues stérilisées. Pour une injection sous-cutanée, on pince la peau entre les doigts sur le dos, entre le cou et les flancs, on désinfecte la peau en soulevant le poil et on introduit l'aiguille parallèlement à l'épine dorsale du chien. Si le produit est irritant, il vaut mieux qu'une autre personne tienne le chien.

Médicaments contre les otites

Tenir la pointe de l'oreille et introduire le compte-gouttes dans le conduit auriculaire. Masser l'oreille pour répartir le produit uniformément. Tenir la tête du chien pendant un moment sinon il la secouera pour libérer son oreille irritée.

Médicaments pour les yeux

Tenir soulevée la tête du chien et laisser tomber les gouttes de collyre sur la cornée.
Si on doit mettre une pommade, abaisser la paupière inférieure et en mettre sur l'intérieur. Laisser l'œil se refermer et masser pour la répartir. Enlever l'excédent resté à l'extérieur avec un mouchoir.

Suppositoire

Il n'est pas fréquemment utilisé, mais il peut l'être contre une douleur vive. Il faut humidifier le suppositoire, soulever la queue du chien et l'introduire délicatement et sans forcer. L'enfoncer profondément, à l'aide d'un Coton-tige par exemple. Tenir la queue du chien sur la zone anale pendant quelques instants pour qu'il n'expulse pas le médicament aussitôt.

Achevé d'imprimer en août 2007
à Luçon, France,
sur les presses de Pollina - n° L44026A
Dépôt légal : août 2007
Numéro d'éditeur : 10010